做孩子需要的妈妈，就好

郭叶珍 著　兔包 绘

图书在版编目（CIP）数据

做孩子需要的妈妈，就好 / 郭叶珍著；兔包绘.
北京：北京联合出版公司, 2025. 8. -- ISBN 978-7-5596-8512-4

Ⅰ. G78

中国国家版本馆 CIP 数据核字第 2025CW9421 号

版权所有@郭叶珍，本书版权经由三采文化股份有限公司授权北京新东方大愚文化传播有限公司简体中文版权，委任英商安德鲁纳伯格联合国际有限公司台北公司代理授权，非经书面同意，不得以任何形式重制、转载。

北京市版权局著作权合同登记　图字：01-2025-1702

做孩子需要的妈妈，就好

作　　者：郭叶珍
出 品 人：赵红仕
责任编辑：周　杨
产品监制：王秀荣
策划编辑：刘　莎
封面设计：路丽佳
版式设计：马瑞敏

北京联合出版公司出版
（北京市西城区德外大街 83 号楼 9 层 100088）
天津盛辉印刷有限责任公司印刷　新华书店经销
字数 70 千字　787×1092 毫米　1/32　6.5 印张
2025 年 8 月第 1 版　2025 年 8 月第 1 次印刷
ISBN 978-7-5596-8512-4
定价：45.00 元

版权所有，侵权必究

未经书面许可，不得以任何方式转载、复制、翻印本书部分或全部内容。
本书若有质量问题，请与本公司图书销售中心联系调换。电话：（010）64258472-800

作者序 / 与孩子同在，让他当自己的英雄 ………… 1

正正地看着孩子 ……………………… 4

取得做父母的资格证书 …………………… 6

不听话，先抓起来再说？ ………………… 12

当孩子的导航 ……………………………… 16

有一种饿，叫周围的人觉得你饿 ………… 22

启动孩子的前额叶 ………………………… 29

与欲望拔河时 ……………………………… 33

自我控制的学习 …………………………… 40

摔一次，就学会了 ………………………… 44

多花几分钟，后续才轻松 ……………………… 50
超前部署的吃苦实验 …………………………… 54
把"洪水猛兽"当成资源 ………………………… 59
突破框架，把自己撑成大船 …………………… 62

在舒服的界限下相爱 ……………… 67

妈妈的一百种语言 ……………………………… 69
放下执着，放过自己 …………………………… 75
没有白走的冤枉路 ……………………………… 80
一起拓展生命经验 ……………………………… 88
别开自卑的一枪 ………………………………… 93
要抗压，先跳坑 ………………………………… 99
羞辱只会帮倒忙 ………………………………… 104

究竟在生谁的气 …………………………… 108

在"下坠"的时候接住他 ………………… 115

爱得舒服又有安全感 ……………………… 120

STEP 3 驭

不教而教的幕后推手 …………………… 126

厘清议题的责任归属 ……………………… 128

化身教于无形 ……………………………… 133

别冲动，驭子如下棋 ……………………… 138

规定要少，执行要严 ……………………… 141

当个 CEO 般的老妈 ……………………… 146

有意义才有学习动力 ……………………… 151

不必栽培小孩，只要栽培自己 …………… 159

失败被看见又何妨 …………………………… 163

勇于认赔杀出 ………………………………… 168

不过是生活转向而已 ………………………… 174

到底要不要称赞 ……………………………… 178

看见孩子的能力 ……………………………… 183

训练他做自己的总经理 ……………………… 187

最厉害的管理，是让孩子管好自己 ………… 195

作者序

与孩子同在，让他当自己的英雄

晚上十一点多，儿子敲我房门，声音有些紧张地说："妈妈，我刚刚要去加油，从地下室上坡时警示灯忽然亮起来，油门变得很灵敏。"

我说："哇，那一定吓死。"

儿子说："对啊，差点撞上墙壁。怎么办？明天清晨要去接老板和客户到工厂。"

我判断了一下，他这时候的"怎么办"不是真的要问"怎么办"，而是正在烦恼，这么晚了，要不要通知老板，于是接话："对啊，现在都十一点了，打给老板会不会太晚？要留言吗？"

儿子想了一下说："等老板起床看到留言要应变就太晚了，我再试试。"

果然，儿子早已心有定见了。

电话接通了，儿子和老板谈妥应变计划，跟我说："处理好了，妈妈晚安。"

我说："晚安。"

这是我和儿子日常的对话，然而我们都知道，这简单的对话，非常容易擦枪走火，演变成一言不合，两个人都不舒服的事件。因此，当儿子因为车子故障而有些紧张时，我不是说"不要紧张"，也不是"好险没事"，而是"哇，那一定吓死"。这反映了他的状态，让他觉得我与他同在。

当他在思考"怎么办"时，我没有指责他"到这个时候才去加油，早点去加油不就早点发现了吗？"，我也不是直接出意见给他，而是说出他背后可能的考虑："对啊，现在都十一点了，打给老板会不会太晚？"这反映了他的考虑，让他觉得我与他同在。

说来，**每个人都有解决问题的能力**，但是需要有人在他慌张失措之时了解他的心情，与他同在和陪伴。

因为有人同在与陪伴，可以让原本被扰动的杏仁核得以平息下来，有了余裕可以启动前额叶理性思考，想出原本就已经有的好办法。

我们不需要当孩子的英雄，帮他解决问题。

我们只需要与孩子同在，让他能够当自己的英雄。

然而，要怎样做才能够成为孩子需要的妈妈，让孩子当自己的英雄呢？本书将如此双箭头亲子沟通分为三步骤："听：正正地看着孩子"、"爱：在舒服的界限下相爱"与"驭：不教而教"。

在这个我与儿子的日常对话中，我就像所有的妈妈一样，听到儿子碰到问题时，反射动作就是想帮他解决问题。但，等一下！听！听听孩子说了什么？他需要我帮忙解决问题吗？还是惊慌之时只需要有人听他说？如果我牛头不对马嘴地出手帮忙，会不会反倒好心没好报，让儿子感到不被信任而不舒服？因此，我在第一章"听：正正地看着孩子"中谈到了听见孩子的声音与同理的重要性。

在第二章"爱：在舒服的界限下相爱"中，我谈到了不越俎代庖，让孩子处理属于自己的议题。如前述的例子，虽然我早就想好要如何解决这个燃眉之急了——开我的车去接老板、客人不是很简单吗？根本不需要吵醒老板。然而我还是勒住了舌头，让儿子自己想办法，毕竟只有他才有全面性的信息去权衡该不该把老板吵醒。即使这是个不圆满的决定，他也能够从经验中学习，成为更好的决策者。然而当妈妈的要拿捏这个界限谈何容易？在这里，我将会使用几个案例与您分享如何和孩子有个舒服的界限。

第三章谈到"驭：不教而教"。不教？孩子怎么会呢？可是教了，孩子可能不仅不感谢，还嫌啰唆，更糟的是，回家嘴巴闭紧不跟妈妈谈心，让妈妈好伤心。在前述的例子中，或许是因为我担任过秘书、国际交流主管，接待外宾时经历过惊吓与挫折，在一次一次分享我的考量、挫折与领悟中，我的孩子没有亲身经历也有了临场应变的能力。我没有特意教，但儿子的确学会了点什么。身教是"不教而教"的一个技巧，在本章我还会提到其他训练孩子成为自己的总经理的方法。

期待阅读完这本书，你能得心应手地成为孩子需要的妈妈。

STEP 1 听

正正地看着孩子

当孩子跟你讲话的时候,
要心无旁骛、眼里心里都是他们,
从他们的眼光中去看世界,不带任何预设批判,
去同理、去感同身受,
便能在你和孩子之间,注入充满能量的爱之河。

取得做父母的资格证书

怒气冲天只会让你听不到孩子的声音，
来，静下心，看着眼前的他，好好地听他说。

"哎哟，脏死了，你赶快去洗手！"有一回在餐厅吃饭，隔壁桌的妈妈一边擦桌子一边骂孩子。

孩子小声抗议："你说我不可以离开你两步。"

妈妈继续擦着桌子："脏死了，脏死了！还不赶快去洗？你快去洗手！"

孩子提高音量："你说我不可以离开你两步！"

妈妈大怒道："我叫你去洗手，你听到了没有？"

孩子这时跟着喊叫："你说我不可以离开你两步！"

妈妈盛怒之下抓着他的手，摇晃拉扯地喊："你要我讲几次！叫你去洗手，你听到了没有？！"

但这孩子还是一直哭喊："你说了我不可以离开你两步！"

周围用餐的人群逐渐安静下来，看着这一对母子。妈妈意识到邻桌的眼光，顿了一下，降低音量说："你那么大声干什么？"

奇怪的是，即便母子正在争吵，同桌吃饭的爸爸，竟然一直自顾自地吃着他的牛肉卷，连抬头看一下都没有。

我一边慢慢吃着我的沙拉，一边思考：为什么那位妈妈听不到孩子的回答？是因为太过焦虑（可能是对脏很敏感或是太累），把力气都放在焦虑上，所以听不到孩子的声音吗？又为什么那位爸爸只顾着吃东西，看都不看？是他认为管教孩子是女人的事，还是他早已学习到不要插手，以免"被咬"？

但我也得肯定，这位妈妈一定是位用心的妈妈。其实在她进入疯狂擦桌子的状态之前，母子间原本的对话也很和谐，妈妈总是尽力回答孩子提出的任何问题。只是当孩子把东西撒到桌子上，她顿时就怒气冲天，再也听不进任何声音。就像很多的父母，在绝大多数的时候都是好的，可一旦遇到某些压力，便无法冷静、无法用理性的方式来处理事情，因此只会大吼大叫。

然而，这会使得孩子又爱他的父母，又恨他的父母。在矛盾与爱恨交加之下，孩子胸中郁结着的那口气，就可能转换成各式各样的结果。

就像开车要有驾驶执照才可以上路行驶一样，或许，当父母也要有"父母资格证书"才不会伤害到小孩，更进而不会伤害到别人。至少有了"父母资格证书"，会知道小孩子不乖，除了打骂以外，还有别的办法，或者没办法时会知道要去找人帮忙，也知道要去哪里找人来帮。

放下焦虑，眼里只有孩子

当然，我也知道做父母的难免会觉得小孩很吵，一下子要这个，一下子要那个，让人无法静下心来做事。想起我在加拿大读书时，两个小孩年纪还小，也时常遇到这种情况。当时我是怎么解决这问题的？

在加拿大读书的第一年，我和朋友宜珍同住，我们各自有两个小孩。每天我们都会带着笔记本电脑，去公园遛小孩。第二年我搬到西岛，除了过往每日的公园活动外，还加买游乐园的季票，周末时我都会带孩子去游乐园。他们去玩游乐设施的时候，就是我的读书时间。也因此，回台湾后，刚好我在新竹教书，便就近买了六福村的年票，固定在每周三下午带他们去玩。所以我的孩子对我的印象是：我一直跟他们去玩。但其实哪有，只有他们在玩而已。

让他们以为我一直都跟着一起玩的秘诀是，只要他们跟我讲话的时候，我所有的念头、我的眼睛里就只有孩子。我告诉自己：**"人最重要，书不会跑掉。"** 只要孩子跟我说话，我一定立即 **"放下"** 书本，心里、眼里只有孩子。所以他们才会有妈妈一直跟他们在一起的感受。

因此，我的孩子们的大肌肉运动非常充足，在公园、游乐园把能量都发泄光了，回家也能静下来做功课，没有"过动"的问题。而我也因为把握每段他们去跑跳的时间读书，一点一滴地读了不少书。

唯一的缺点是，可能他们小时候玩太多了，现在反而很宅，不爱玩了。

"

成为父母之前，我们想象中的亲子生活，
和亲身经历后的真实境况，总是有很大落差。
如果能先考到一张'父母资格证书'，
是否会更游刃有余一点？

"

不听话，先抓起来再说？

"以暴制暴"之前，请让孩子有说话的机会，
以询问取代指责，以温柔拥抱取代强制带离。

梁玉刚生完老三。不仅梁玉自己，还有先生、婆婆，一整家人都累坏了。早在怀孕期间，大人们就把四岁的老大和两岁的老二教导得很好，让他们学着去爱即将出生的弟弟。所以小兄弟俩在弟弟出生后，总是争相跑来要躺在弟弟旁边。只是老大动作快，每次都抢先占得好位置，老二看了着急也跟着要挤上去，搞得场面相当混乱。

爸爸怕哥哥们的推挤会伤到小婴儿，一把抓住老二的双手，强行把他拉到一旁。正当爸爸大声斥责、老二挣扎狂哭之际，没想到老大却冲往玩具箱找出一把宝剑，接着疯狂攻击爸爸。顿时，大人们停下手边动作，面面相觑。

这是什么状况？梁玉不解大儿子的做法，想着："你爸这不是在帮你吗？"而梁玉的婆婆则是担心，这孩子将来会不会弑父啊？

梁玉想起我写的一篇文章《让孩子好好说话》，提醒大家应该先让孩子好好说话，这时她才想到要去问老大："为什么要打爸爸？"老大解释是因为看到爸爸动手打弟弟，他想保护弟弟，才会拿宝剑去打爸爸。

为此梁玉告诉我，她很感谢我写了那篇文章，它提醒了他们要让孩子好好说话，也因为那篇文章大家才看到孩子的好意。不过她还是很担心，不知道未来孩子会不会习惯使用攻击的方式来解决问题。

我对她说："老三刚出生，大家都还在适应，也辛苦大家了。老大毕竟才四岁，还没能力分辨发生了什么事，只知道弟弟被攻击了，才会跳出来保护老二。必须要等到他再大一点，才会有分辨前因后果的认知能力，理解原来爸爸是在帮他。记得张曼娟写过一篇文章，提到有一次她被出租车司机骂说对待妈妈要有耐心，那时她非但不恼怒，反而还感到温暖。这种被骂还会感到温暖的情形，是脑部前额叶已经发展很成熟的人才会有的认知与感受。"我也要梁玉转达给先生和婆婆，告诉他们："你们家有个好孩子呢！会本能地要保护家人。"

梁玉说："我知道要去看孩子的好，不要只看他的不好，但是这仍然无法改变孩子碰到状况时，会用攻击来解决问题的隐忧。究竟该怎么去教老大？而他为什么不用说的呢？"

我说："我们先来了解一下他的表达能力。你可以举一个最近

STEP 1 听：正正地看着孩子　　13

发生的例子,让我知道他是如何表达需求的吗?"

梁玉说:"这一阵子家里一直都是又忙又累的。先生为了保护我,现在碰到状况时都是先制止孩子吵闹,所以他们最近好像不太有说话的机会。"

我又问:"就像你刚说的那样,最近都是大人利用身体高大的优势,直接把小孩子抓起来带离?"

"对。就像这样,都是直接制止。我们很忙,也没有余裕可以听他们说话。"梁玉回答。

"那我了解了。"我接着又说,"现在让我们想象一下——想象自己的身体小小的,小到是四岁的身体;想象当你看到家人被攻击,而你又想保护家人时的状态,如果从经验里知道讲话没有用,这时除了拿宝剑救家人外,你还有别的办法吗?"

梁玉说:"好像也没办法了。"

我说:"理解了他这样做的原因之后,为了让孩子学习用武力以外的解决方式,我们还得亲自示范给他看。下次碰到有需要把孩子带离开的状况时,请爸爸改用抱的,不要用抓的。至于老大用宝剑攻击爸爸,保护弟弟的事,首先我们可以请爸爸跟老大说:'我知道你的好意。你想保护弟弟的心情,让我们很感动,可是这样爸爸会痛,也会受伤。'

"接着再邀请孩子们一起来讨论:'我们一起想想,如果下次碰到这种大家都想要和小宝宝睡觉,可是只有一个位置的时候,怎么做比较好呢？'借由提问让老大有机会开口说话，练习去想办法来解决问题，这样老大的沟通和问题解决能力自然也会越来越好，长久下来，你的担心也就不存在了。"

我能够理解幼儿还小时，父母为了避免危险或想快速解决问题好换取时间休息，运用身体的优势来制止"暴力"，让问题马上消失的心情。然而这么做看似速效，其实后患无穷。尤其对于小小孩来说，这意味着解决冲突只有一招——用武力。所以父母碰到类似状况时，不要只求速效，这会妨碍孩子动脑思考问题解决的方式，而是要练习用沟通来取代指责。

父母教育子女，不就是希望他以后能够适应社会吗？在我们的社会里，指责与攻击他人的人是不受欢迎的，善于沟通者才能够双赢。因此，要孩子改之前，我们得先改，得给孩子做示范。

当我们倾听孩子一百次，碰到问题而不动手，这种解决问题的方法就会深深烙印成为孩子的一部分，以后你也就不需要再以暴制暴了。

当孩子的导航

以正念同理孩子受伤的心，
用好奇、慈悲与接纳的态度来响应。

有一位母亲跟我分享，说她了解了我介绍的正念后，与孩子间发生了神奇的改变。

以前她的女儿常常对她尖叫，说她偏心弟弟。面对着听觉上的冲击与被冤枉的难受，过去她总在第一时间反驳女儿"胡说"，不准女儿叫，也不准女儿哭。后来，她想起我介绍正念时说过，人在碰到不舒服的事情时，第一个反应就是想要推开，想要赶走那种不舒服的感觉，但往往事与愿违，通常越想推开这些不舒服的事，它们反而越会缠着你。

于是，她知道如果自己推开的话，可能会让这场哭闹再延续两小时以上。所以这次她改变策略，决定试试我的方法：**用好奇、慈悲与接纳的态度去回应**。虽然她心里依旧担心，害怕同理女儿后反会被死咬说："你看吧！你就是偏心！"但又想，反正事情也不会更糟了，就试试郭叶珍老师的方法吧。

所以这次她没有反驳，只是点点头表示理解，然后对女儿说"你觉得我对弟弟偏心"，用以表示她有听到女儿说的话。结果，她担心的事，并没有发生。女儿"被听到"以后，虽然话说得更多了，但原本凶巴巴的语气逐渐和缓下来，尖叫声也消失了，慢慢地只剩下嘤嘤的啜泣声，然后就冷静下来，也开始愿意听她解释。

带着好奇、慈悲与接纳的态度去倾听，才让这位母亲发现，从女儿的立场来看，的确是看到了一个不公平的母亲，只会一味要求姐姐礼让弟弟。

"其实我大可以责怪她没站在我的立场、没考虑我的难处，也可以责怪她没看到我对她也很好。但当我用老师说的——用好奇、慈悲与接纳的态度去倾听时，注意力一下子从我自己身上转移到女儿身上，这时我才了解她的无能为力。毕竟没有人可以在自己被忽略、被偏心、不公平对待时，还有能力去体会对方的难处与曾经的好。"

这位母亲接着又说："不过，我还是很好奇，为什么我去同理对方以后，我女儿就变得冷静，也可以商量、可以讲理了？原本直觉以为她只会变本加厉。"

我回答："在我的经验当中，人一旦受到委屈，那种不理性就像在大脑里面迷了路，走不出来，只会循着同一条神经路径在里面鬼打墙。这时如果别人又在外面喊：'你出来啊！你出来啊！'她只会觉得愤怒、惊恐，觉得你在说风凉话，根本不懂她实际的感觉。但是如果这时你带着好奇、慈悲与接纳的态度去听，进到她所在的黑暗处，就能完全了解她看到的世界。她会觉得比较不孤单、比较不惊恐，脑部就会有余裕去理性思考。更因为你和她看到的是一样的，她的左边是你的左边，她的右边是你的右边，所以你能问对问题，也就更有机会引导她从黑暗中走出来。"

而我自己又是怎么懂得这个道理的呢？好吧，因为我是个路痴。

因为我是个路痴，所以需要被好好地提点。每次能够引导我走对路的，一定不是在电话里对我吼叫的男人，最终能让我走到目的地的，都是导航工具。

为什么呢？因为导航不会凶我，导航和我看到的世界是一样的。

当我没照它指示又走错路时，它也只会说请试着如何如何，不会对我恶言相向；就算我真的执迷不悟一再错过，它也只是依照我的现在位置，重新规划，重新引导。我走错一百次，导航就跟着调整一百次，最终总是能引导我抵达目的地。

感同身受，胜过千言万语

以正念习得的同理心，也让我体会到易地而处才能进入孩子的内心。

就好比小孩子吃饭常拖拖拉拉，搞得人仰马翻这件事，我也是从正念的学习当中得到体悟的。在正念练习中，吃葡萄干是一定要的。有次我把葡萄干含在嘴巴里滚来滚去、玩来玩去，觉得嘴巴里有东西很好玩也很满足，完全都不想吞下去，一直到最后老师说活动要停止了，我才咕噜地吞下肚。

这种嘴巴里有东西的好玩经验，让我联想到，小孩常把饭含在嘴里不吞下去，就这么一直耗着，吃饭时间拖很久的这道难题。因为它让我发现：有东西在嘴巴里真的很好玩，而且经过唾液分解后，食物甜甜的感觉也很特殊。

所以，下次若再有人问我，为什么孩子吃饭这么费时的问题，我一定会请他去问小朋友："把食物含在嘴里的感觉是什么？"我们必须先去同理孩子的感受，了解那种有趣的感觉，再跟他解释："可是等下大家都要出去玩了……"或者跟他约定还可以享受多久，之后就要和大家用一样的速度吃饭，才能来得及一起出去玩。

教科书中对担任正念的老师有一个要求：一定要自己做过，而且做得到，才能带领与要求学员。**碰到小朋友有行为问题时，我们都该去试试那样做，了解为什么他要那样做，只有真正体会过做那件事的感觉，才能理解确实的原因。**在处理幼儿的行为时，去同理他、感同身受会让人比较能够采取有效的策略，就情绪上来说也会比较平静。

> 面对孩子的情绪时,该如何分辨他眼中的世界和我的理解有多大落差?
> 当孩子玻璃心碎满地时,妈妈能给的就是抱抱了吧。

有一种饿，叫周围的人觉得你饿

告知教育会抹煞孩子自我思考、学习的能力，
就让他们去经历，去发掘，去学会承担。

某次去参加喜宴，同桌有一个小学二年级学生，周围的大人们几乎都把焦点放在他身上。宴席中有道鱼，我正想专心吃的时候，同桌朋友突然召唤我。"教授你看，这个小孩都不吃饭，怎么办？"朋友心急地说。我抬起头准备了解情况，发现小孩正拒绝着大人的各种游说，眼睛总是看着地上。

我问他："看得出来你很不想吃。我可以知道你为什么不想吃吗？"

小孩说："很难吃。"

看看桌上的食物，我发现这些食物的确都不是低年级小学生会想吃的东西，于是告诉他："真的，虽然大人觉得好吃，但是对小朋友来说好像真的很难吃呢！"然后我问："那，你饿吗？"小孩摇摇头。

我又问："距离下次吃东西还有一段时间，如果你现在不吃的

话,等一下会饿吗?"

小孩又摇了摇头。

看到他的反应后,我转头问小孩的爸爸:"你有期待他要吃到什么样的程度吗?"

小孩的爸爸想了一下,回答我说:"都可以。"

"那就没问题了。"对着那些吆喝我去处理问题的大人,我说:"既然对小朋友来说,东西很难吃,他也还不饿,他爸爸也觉得没事,那孩子不吃饭就没问题了。"

同桌的大人们看我"解决不了问题"后还是不死心,指着旁边一个女孩继续游说小孩:"你想不想像那个姐姐长得一样大?"

小孩说:"她长那么大,才要吃很多,我那么小,吃不下这么多。"

大人们哄堂大笑。这一笑,也开启了大家对管教小孩吃饭的话题。

教出机器无法取代的人才

言谈中,我说明了和小孩对话的意图,以及如何共同做出决定。长久以来,很多家长的教育方式倾向于"告知",包括要做什么、要如何感觉。譬如你何时应该要吃饭,不然就会饿;你应该要穿更多的衣服,不然就会冷。

虽然这些忠告可以在当下让晚辈们少受苦,却也因此让他们少了思考、行动、体验和自我修正的历程。这对于现代社会希望培育出能够自我学习，无法轻易被机器取代的职场青年来说，反而是不利的。机器是人下指令就会执行任务，但职场需要的不是机器，职场上需要的人才，是老板提出问题后，会自己思考、整合所有信息，做出行动的决策，再从行动的结果做出回馈的人。过程中，上司不需要时时刻刻下达指令。

这更是一个自我学习的历程。这种自我学习历程培养出来的职场青年，比较不会被老板抱怨："为什么要我叫你做什么，你才做，不会举一反三吗？"再假设今天有个状况是，直属上司探询年轻员工的看法，问："你为什么不想开发这个客户？"年轻员工说："因为这业主很难搞，与其在他的身上花那么多时间，还不如去开发其他新客户。"

直属上司问："不开发这个客户，你这个月的业绩可以达标吗？"（用以了解当事人能否承担行为后果。）这时年轻人回答："可以。"

直属上司和总公司汇报后，总公司也觉得没关系，只要他的业绩能够达标就可以。于是直属上司告诉年轻人："好，在业绩可以达标的前提下，就照你的意思去做吧！"

这名直属上司通过询问，理解年轻人不想开发某客户的原因，引导他评估放弃以后的后果，再综合考虑总公司等大环境状况后所采取的做法，会让这个年轻人不再只是个机器，而是会思考的人。如此通过讨论，根据行动结果从事自我修正的历程，不仅会让他进入自我学习的脉络中，未来直属上司在管理上也会很轻松。

这样的探询与引导，是不是很像我响应小孩不吃饭的做法？虽然来回询问很花时间，但在这样的过程中，所有关系人都参与了决策的过程，每个声音也都被听见与考虑，尤其是最重要的当事人。所以，即使后来当事人发现自己的决定是任性的，是真的考虑不周，譬如饿肚子了或业绩没有达标，那也是他自己发现的，而不是被告知的。

于是未来他要再做类似的决定时，就会有更完善的考虑。这次虽然遭遇失败与痛苦，但换得的经验在未来也是很有价值的。所以，用这样的方式来处理小孩不吃饭的问题，也是培养他们在未来面对千万个重要决策时，不可或缺的练习题。

让孩子做自己的主人

像小孩不吃饭这种事，大人们总认为直接给个"命令"就可以快速解决，但我认为这样做不但会导致他们变成容易被机器取代的人，而且"命令"本身更会是亲子关系的杀手。所以有次在学校上课时，我就要学生们以"命令"口吻来造句，以探讨它对亲子关系的影响。

学生们纷纷写道：

"去把玩具'给我'收起来。"

"你'给我'分手。"

"手机收起来,'给我'立刻去读书。"

"快'给我'去睡觉!"

"'给我'做完功课再去做其他事情。"

看到例句中有一大堆的"给我",班上来自中南美洲的国际学生大感不解,同学跟她解释,"给我"就像语助词一样,没什么意思。听起来好像是这样没错,但仔细想想,如此的语言用法是不是也传达了,其实我们做的每件事都是为了别人,不是为了自己;所以玩具不是为自己收起来,分手也不是为自己而分手。

又譬如"听话"是"听'我'的话"的简写。主角是说话的人,而不是行为人。中文里的"乖",是从说话者的角度来看,但在英文中是"约束你自己的行为"(behave yourself),行为人才是主角,不是说话的人。或许这也是为什么在我们的社会,很多人对于自己要什么都是模模糊糊的,但对于别人要求自己做什么倒是很清楚,颇有"活着是为了别人,不是为自己"的潜在意识。或者"为自己而活"却被误以为是自私自利,剥削他人了。

如果大家能够转个方向,不把手伸到别人的盘子里,让彼此有机会把自己照顾好、要求好,清清楚楚知道自己要什么,或许人际间就会太平些。

> 无论是孩子还是妈妈,都需要做自己的主人。
> 不要贸然把手伸到别人的盘子里,
> 彼此间才能更和平。

启动孩子的前额叶

问问题来激发思考，
让孩子亲自参与、想出解决方案，他才会心甘情愿地执行。

前一阵子因为新冠疫情的关系，许多人得在家上班、上课。一位网友跟我说，她的孩子会在家中跑来跑去，有时吵到邻居都来抗议，但孩子就是难以控制，让她感到相当无助。然而孩子究竟是不是像大家认为的"没办法控制自己"？我想用自身经验来分享。

在我的经验里，家长可以通过"问对问题"来启动孩子的前额叶，与孩子一起思考、一起想办法解决问题。也因为这个办法是让孩子参与、自己想出来的，更符合他们自己的认知，因此行动起来会更有效率，也会比较持久。

就以小孩在家跑跳，吵到邻居的事件为例。当邻居来敲门说，"你家孩子吵到我们夫妻，我们都没办法午睡了"时，先道歉让对方消消火，然后请孩子也一起来，让他们亲耳听到邻居的困扰。注意，这是父母效能训练中一个很重要的概念，毕竟孩子不会因为被骂就心甘情愿地听话，他只会因为害怕再被骂而勉强乖一下下，没多久就故态复萌了。但如果孩子看到有人因为他的行为而受苦，想要照顾人的心理会被激发，也会愿意为了不让对方再受苦而克制自己的行为。

在孩子也听到邻居的困扰后，我们便能和孩子讨论如何处理这个状况。这时家长就可依照人类思考行动的顺序来引导讨论，记得不要一下子跳太快，劈头就问："你说怎么办？"我建议可以采用加拿大文化事业学会（Institute of Cultural Affairs，简称ICA）所发展的ORID顺序来引导孩子思考。

O，指事件（Objective），属于事实层面。

可以问孩子："隔壁的叔叔阿姨来我们家敲门，你知道他们说了什么吗？"

R，指反应（Reflective），属于感受层面。

"对于他们的困扰，你的感觉是什么？"

"叔叔阿姨说你一直叫，跳来跳去，他们想睡午觉却睡不着。你听到了感觉如何？很开心吗？还是觉得他们好可怜？"（若孩子缺乏对感觉的形容词，可以给他们提供一些选项。）

如果孩子依旧无法同理对方，可以进一步再问："如果妹妹一直哭，你没办法睡觉，你会是什么感觉？"

为什么要去问小孩子的感觉？因为感觉常被人忽略，但是一个人在感觉害怕或觉得对方可怜时，采取的行动可能会不一样，因此探问感觉是很重要的。

I，指意义（Interpretive），属于诠释层面，也就是孩子怎么看这件事。

"你从高高的地方跳下来，很开心地大叫，让叔叔阿姨没办法睡午觉，你怎么看这件事情？"

这时孩子可能会说："他想要睡觉，可是我想玩啊。"那我们就可以继续问："这样的话我们要怎么做，才能让他们可以睡觉，而你也可以玩呢？"

D，指决定（Decisional），属于决策层面。

孩子可能在思考之后说："那我小声一点。"这时我们可以再引导出更具体的做法，好比问他们："怎样才可以小声一点呢？"让孩子去动脑想出办法，譬如不要从那么高的地方跳下来，或者下午时段的午觉时间不要乱叫等。

给信守承诺的孩子鼓励

当然，必须是在与邻居和平沟通的前提下，才能让孩子与邻居直接面对面。如果对方攻击性很强，就不适合把孩子推上火线，让他们在远处看着你和邻居应对就好。

记得我女儿小学时曾被两个男生霸凌。当时我去学校跟老师说明情况，老师竟指着那两个当事小孩，要我直接去找他们。这其实是很危险的，如果我是一位很有攻击性的家长，极有可能就是以霸制霸了。

当然，我不是这样的家长，所以找到两个小男生后，我就蹲下来看着他们的眼睛说："我女儿说，下课的时候你们会堵住教室门口不让她出去，因为这样她都不敢来上学了。我觉得很难过，我的孩子被欺负了，很担心如果她不来上学，我也没办法出去上班赚钱。所以我想请你们以后下课不要堵住教室门口，不要不让她出去，好吗？"或许是在客气的用语和气场强大的恩威并施之下，这两个小朋友再也没有来找我女儿麻烦。

虽然孩子还小，他们的前额叶，也就是理性思考的部分还没发育完全，但为了帮助他们未来能够主动思考、寻找解决办法，家长一定要问对问题来协助他们思考，做出属于自己的决定。

当孩子做出决定并且说到做到时，家长一定要不吝啬地给予鼓励，增强他们愿意固守承诺的行为意愿。回到前例，相应的鼓励可以是如果一整天邻居都没来敲门抗议，就可以换多少的自由时间之类。

与欲望拔河时

承认吧！你我内心都有个叫作执念的任性小孩，
学会运用情绪、认知与行为，协调出更美好、更持久的人生。

────────────────────────

有位妈妈向我倾诉困扰，她说孩子开口闭口都是"我可以看电视吗？"，虽然她已经竭尽所能依照专家建议，去开发孩子更多的兴趣，好比买乐高来引导他喜欢建构，但才玩一下，孩子就又说："我有玩了。那现在可以看电视吗？"或者，带他去图书馆看书，他却一下子就蹭过来说："我看完了。可以回家看电视吗？"孩子想看电视的执念，让妈妈害怕得不得了。

但回想过去，其实我们每个人都曾经，或仍然是那个小孩，也都有过类似的经验。别怕，你只需要拿出你与执念共处的经验就可以。现在就来分享，我自己的渴望与执念共处的经验。

或许是因为学期中太努力工作，想做的事情不能做，压抑太久，所以在期末成绩交出去的那天，我心里那个头大大只会向前冲的小孩就醒过来，开始无节制地追剧。这让平常得睡十个小时的我，到了暑假反而睡得更少，明明身体还没休息够，却想起床追剧。这种感觉就像妈妈还在睡觉,但小孩却爬到你身上跳来跳去,把他的小脸凑在你脸旁,直问:"可以去玩了吗?可以去玩了吗?"所以即使明显休息不足,还眼睛痛、头痛,全身发痛得好像被人毒打一顿,可是我还是只想要追剧。

为了扭转这个状况,我想起了正念认知疗法介绍过的论点。人的认知、情绪与行为是连在一起的。于是我静下心来,对着内心那个头大大向前冲的小孩说:"追剧,没问题啊!可是一天只能看两集喔,不然没睡饱、没休息够,搞到全身痛,那就不好玩了。当然可以追剧啊,可是一天只能看两集喔。要不然一下追完,很快就没的看,要哭哭了。"

是的,我允许自己心里有个头大大向前冲的小孩存在。事实上,这也不是我允不允许的问题,而是不管怎样,"他"或者说这样的情绪早已经在那里了。我们能做的,就是允许情绪的存在,然后告诉他、让他认知到这样的行为会有什么后果,再决定哪些行为可以做、哪些不能做,协调情绪、认知与行为,发展出更美好、更持久的人生。同理,我们也要培养孩子具备这样的协调能力。

当然啦,你一定会想,事情有那么简单就好了。现实是,谁不是被情绪拉着走?没错,心里那个头大大向前冲的小孩老是会赢。但好在人总是会通过经验来学习,会学到不能总是被情绪牵着走。就像最近因为任性追剧,使得自己身体、眼睛、头都在痛的这件事，就让我感到担忧。因此我学习到，就算在还没真切感到身体、眼睛、头疼痛之前，只要意识到自己开始有要疯狂追剧的倾向时，便应该启动停损机制。毕竟人是很实在的，只要痛过了、痛到了，自会想办法避开疼痛。

为了解决追剧的惯性，我后来选择日行万步，把注意力从脑部分散到身体劳动上。于是追剧这件事就变得只有愉快，而不是又喜欢又痛苦的经验了。

适时给予选择权

这种与内心欲望拔河的故事，让我想起另外一位妈妈问的问题。她说，她的儿子很乖，但就是爱赌钱。看到儿子吃得差、穿得差，还被黑道威胁要砍手指，这位妈妈实在不忍心，便帮儿子把钱给还了。然而欠债还钱的噩梦非但没有停止，反而还周而复始地不断上演。

我跟这位一直在帮儿子还钱的妈妈说："就让你儿子去给黑道砍手指头吧！只能这样了。如果你一直帮他还钱，他只会认为反正我妈会帮我还，他内心那个想赌博的小孩就会更加为所欲为。也可以说，你就是你儿子会继续赌博的帮凶。"

回到最早提到的那个一直想看电视的小孩。想看电视本身并没有问题，孩子只是把他的欲望给讲出来而已，就让我们允许这个欲望存在吧。父母要做的是帮孩子把情绪、认知与行为给梳理、衔接起来，让它们彼此合作，创造更美好的人生。

所以，如果下次孩子问你："妈妈，我可以看电视吗？"你可以告诉他："可以啊，你可以看电视。不过学校有规定喔，如果爸爸妈妈让你一直看电视，看到眼睛坏掉的话，爸爸妈妈就会被罚钱，我们就没有出去玩的钱了。而且你也会很可怜，因为眼睛坏掉也不能看电视了。这样吧，有的国家是说，小孩子看电视不要超过两小时，不然你一天也只看两小时好了。现在你来说说，要怎么用这两小时？"以上这些话是很有学问的，让我们来逐句分析。"可以啊，你可以看电视。"

人一旦听到"不行"，想要的东西被阻碍的时候，就会有情绪，接下来就什么都听不下去了。所以要先说可以，而且事实上也真的是可以啊。

"不过学校有规定喔，如果爸爸妈妈让你一直看电视，看到眼睛坏掉的话，爸爸妈妈就会被罚钱，我们就没有出去玩的钱了。而且你也会很可怜，因为眼睛坏掉也不能看电视了。"

这段话是增加孩子脑袋里的认知数据库，让他知道一直看电视会受到的冲击，尤其是对自己的影响。这不是像恐吓他"警察来了"那样，而是引用相关规定，这么说可以让孩子了解制度和自己的关系，也能知道自己的行为不仅影响自己也会影响家人。

"这样吧，有的国家是说，小孩子看电视不要超过两小时，不然你一天也只看两小时好了。现在你来说说，要怎么用这两小时？"

这样的说法更是厉害。因为可以规划、可以自由选择，会给孩子带来一种很开心的感觉，再加上规划得动动脑，这样他也能够练习做选择。而且因为是自己规划的，也会比较有承诺感。

家长如果对于孩子选择的节目内容有疑虑，也需要用合理的理由来说服他们。至于什么叫作合理的理由，就要请家长自己去做功课，说服孩子为什么那些内容不好。为了孩子好，自己也跟着成长，这是当家长最美好的部分之一。

如果家里有白板，还可以把整个规划写在白板上。当孩子问："我可以看电视吗？"你就可以说："我们来看一下白板上的计划。"这也可以养成孩子记事与依照计划行事的习惯。

别说孩子了，就连我自己内心都一直住着一个头大大随时向前冲的任性小孩。说真的，像我这种人可以读到博士、在台北教育大学教书，如果不是很有方法地和内心小孩相处，早就被这小孩牵着四处走，结果一事无成了。

试试看吧！至少我是用这个方法让我的暑假可以好好睡觉，不会一直被内心小孩吵着要追剧，没办法好好地安静过生活的。

> 每个人都曾是孩子,
> 即使长大成人了,心中也住着一个小孩。
> 与孩子相处,
> 其实更该召唤心里的小孩,一起来陪伴。

兔包的崩溃日记

因为我也曾是孩子，所以懂……

妈妈，我们吃完晚餐后可以打游戏吗？

我们不是说好下午打过晚上就不打了吗？

我知道，只是……哥哥刚才把我们之前玩的记录全部删除了。

我真的不是故意的……

天哪！怎么会这么不小心！！

妈妈帮你们一起打，下一次别再这么粗心了！

自我控制的学习

先预期孩子的行为可能会越线,
跟他讨论当行为越线时,希望爸妈怎么提醒他。

今天捷运[①]上的小孩特别多。深深佩服这些父母对同车其他乘客的尊重,他们会一路紧张并小声喝止孩子不要影响到他人,这点相当值得肯定。然而,如果出门可以更轻松,比如完全不需要紧盯着孩子,他们也能自我约束,那就更好了!

我知道许多父母肯定会说:怎么可能?小孩就像半兽人,若不紧迫盯着,随时都会有状况。为了让自己出门可以省心一点,不如用些小技巧,帮助孩子学习自我控制。

①先预测出门后可能发生的状况。

好比小小孩有可能想自己抓栏杆玩,这时爸妈如果怕他跌倒而抓着他,孩子就会因为想挣脱而哭闹。大一点的孩子则可能会因为太兴奋大声喧哗,即便爸妈已经尽力避免这种状况发生,也让孩子带着玩具在捷运上玩,但孩子还是可能会越玩越大声。所以家长必须先预测孩子可能会有哪些状况,再针对这些可能的状

---

①捷运指地铁。

况跟孩子讨论。

②约定好什么可以、什么不可以，并说明原因。

在觉得孩子行为不妥当时才出声制止，是很常见到的管教方式，但这个方法容易造成父母和孩子之间的对立。

因为孩子对制止的解读有可能是："你们什么事都不让我做！"爸妈则会觉得："你哪有什么都不能做，只有叫你不要做时我才会出声啊！"再者，这种方法也没有机会让孩子启动判断与自我控制的学习，只是被制止、被动地停下来而已。我们常抱怨孩子没有判断能力，但有没有想过，或许有部分就是被动管教模式所造成的呢？

孩子得清楚知道能自主的部分有哪些、界限在哪里，才有准则可以判断与决定自己的行为。

以小小孩想要自己抓着捷运栏杆，家长却想保护他而抓紧他为例。爸妈要能预测到他会想挣脱或大哭，上车前就可以先问孩子，等一下是想要爸妈抱抱，还是要自己抓栏杆。如果孩子选择抓栏杆，爸妈可以告诉他没问题（这是可以做的部分），但有可能会跌倒，那会很痛，所以他也可以选择握爸爸的手或是妈妈的手（这是限制的部分，但因为有的选，所以孩子会有被尊重的感觉，比较不会什么都不要）。

③讨论当他的行为越线时，想要爸妈怎么提醒他。

自我约束是人一辈子都在学习的功课，即使是成人也会需要有人提醒、有规则约束，更何况是孩子？所以爸妈得先预期小孩子有可能越线，才能在孩子真的越线时不会有剧烈的情绪波动。另外，爸妈也要先跟孩子讨论，当他越线时会希望爸妈怎么帮忙提醒他。

以避免孩子在捷运上玩到忘情，越玩越大声为例。爸爸妈妈可以先说好什么可以、什么不可以，并说明原因："捷运有规定讲话不可以太大声，就像大人讲手机要小小声，所以我们玩玩具也要小小声。"

接着讨论当他行为越线时，要爸妈怎么提醒他："万一你不小心说话太大声，你希望我怎么提醒？"这种由孩子自己提出来的方法通常比较有效。因为是他自己提的，所以会比较敏感，爸妈一点就有用，反应也会比较正向。

然而有些孩子年纪太小，没有办法主动提出希望被提醒的方式，这时爸妈可以问他："你希望我拍拍你的背，还是拍拍你的肩膀？"提出几个方案让他来选择。但是要避免"抓手"这个选项，因为这动作容易引发孩子挣脱的本能反应。

④适时给予奖励。

有些孩子不需要父母的奖励，就能遵守约定。这时爸妈可以在下车时口头鼓励，明确告诉孩子做得好的部分："你都不需要妈妈提醒，真是了不起！"

但对于比较无法控制个人行为的孩子，父母就可能得在上车前和孩子讨论好奖励措施,"如果一路上都不需要爸妈的提醒,回家就可以得到一张贴纸,集满十张贴纸可以换一次下回要去哪里玩的选择权"等类似方式。

摔一次，就学会了

不需要挡在他们前面，说这个不可以、那个不行，
让孩子受挫、吃亏，从受伤中锻炼出避险的能力。

带学生去德国交流实习，也是我能像八爪章鱼般学习新知的机会，随时准备好与过去的观念、习惯来个冲撞。所以我常盘踞在老师休息室，看到还没聊过天的德国老师就伸出我的章鱼爪，巴住他们问东问西，老师们一天仅有的半小时休息时间，就这么无辜地被我缠住了。

园区一位刚完成进修的老师，带回了新的观念：**要孩子尊重他人的身体自主权，就要成人也先尊重孩子的身体自主权。好比他不要你碰他的身体，那就不要硬碰。**

这点我很同意。如果孩子都能先被询问"我可以碰你吗？"，当他回答"不可以"时，大人立刻停手，那他很自然就会学到，在碰别人的身体前是要先问过人家的；对方说"不"的时候，就是不。反之，如果大人问都没问，就忽然伸手过来拉孩子的身体，那孩子自然会觉得随意碰别人身体很正常。

但是问题来了。有天早上我看到一位小小孩流着鼻涕,想都没想,直觉就是拿起卫生纸要帮他擦,没想到他瞬间生气地说:"不要!"我只好立刻停手。我受过很好的训练,不要就是不要,但我虽然停手了,可眼睛里还是看到那两条鼻涕,心里就是过不去。然而与此同时我也意识到,教室里其他的孩子、老师,都没有笑他,完全没事般在做自己的事情、玩自己的玩具,仿佛只有我在乎那两条鼻涕。

于是那天在教师休息室,我抓着仅有的半小时时间,向一位德国老师请教他的意见。他回答我说:"的确是这样。好比如果有个孩子离桌子很远,你没问过对方就把他推着往桌子靠近,那就是没有尊重他。但这个界限的确不好把握,因为如果现在有个孩子冲到马路上,你当然是先抓住他再说,而不会先去问他。"

我说:"马路这个例子比较没有异议,毕竟不先拉住,后果可能会很严重,但流鼻涕这种事到底要不要强制帮忙,我就拿不定主意。不然这样好了,我们能不能用后果来协助判断需不需要强制碰触?"

德国老师说:"好,让我们来举例,如果有个孩子在矮沙发上跳,这时该怎么办?"

我回答:"如果是我的话,可能会说:我担心你会跌倒,所以我可以请你下来吗?如果试了他还不听,或是不给碰,我评估过从矮沙发掉下来不至于受重伤,那只好让他摔一次,他就会学会了。"

听完我的答案，德国老师又问我："那流鼻涕呢？"

经过厘清和举例后，我也试着用后果来评估，回复说："流鼻涕其实不会有什么致命的后果，好像不需要非得马上擦掉，所以，无论接下来是用邀请的还是玩游戏的方式来吸引他擦鼻涕，都要比问都没问过就强制帮他擦掉来得有教育意义。"

那阵子在德国学习的经验，让我发现德国的教育观念不在追求避免小孩受伤，而是愿意让小孩通过受伤来学习。

受伤也是成长的一个路径。想想我们自己的人生，有哪件事是听了老人言就收手的呢？大多是吃了亏、受了伤，才愿意接受那些老人的所言甚是。所以，**如果我们愿意放宽心，让小孩通过受伤来学习，而不是因为怕他们受伤，就拼命挡在他们面前说这个不可以、那个不可以**，或许就不会造成亲子间的冲突，孩子也能通过受伤长出避险的能力。

通过协商厘清权责界限

前面谈到尊重儿童身体自主权，与如果他们不愿意，到底要不要帮他们擦鼻涕之间的两难，这样的两难其实随处可见。因为孩子会想说，我流我的鼻涕、我喜欢穿破洞牛仔裤都是我的事，你为什么一定要我改变呢？原则上确实是这样，如果只是因为觉得看了碍眼，那确实是无权干涉对方的选择。

但如果对方的行为会妨碍到他人权益，那就得让他知道有人会受影响，并提出邀请希望他做出改变。在邀请的过程中，首先要能够同理他，再由此引发他最良善的回应和想照顾你的心情。以小小孩不想擦鼻涕为例，他不想擦鼻涕的心情若能被了解，他就会比较容易因为你想照顾他的心情，而不至于立刻站在敌对的立场。

接着，可以试着去引发他照顾你的意愿，与你站在同一边的心情。好比跟他说："我知道擦鼻涕不舒服。我知道玩到一半被打断很不舒服。"再接着说明自己被影响的部分，像是"我知道擦鼻涕不舒服。但是你的手碰到鼻涕黏黏的，我抱你时会不舒服，所以我想请你擦掉鼻涕，这样抱你的时候会比较舒服。我知道擦鼻涕不舒服。但是你的手碰到鼻涕黏黏的，你玩过的玩具也会黏黏的，这样我拿到玩具时会不舒服，所以我想请你擦掉鼻涕，那我陪你收玩具的时候会比较舒服"。

既然是沟通，当然得要有来有往。在表达对孩子的同理和自己的要求之后，还要邀请对方表达意见，譬如在上述句子后面加上，"你愿意帮我忙吗？""你愿意擦鼻涕吗？"。这套方法看起来很简单，但提出要求的人必须清楚知道自己所提的要求合不合理。

如果你是说，"我觉得鼻涕很脏"，但脏鼻涕又没有妨碍到你，这就不是一个能让对方接受的合理要求，而且对方还会有被攻击的感觉。又譬如你是说，"鼻涕会传染病菌"，可有些时候流鼻涕只是因为过敏,这样的说法会让孩子误以为流鼻涕就是生病,虽然也能达到效果,却传达了错误的讯息,不是个好的教育方式。

所以如果你用"玩具黏黏的,摸到会不舒服"来提出要求,那孩子就知道他的鼻涕对你的影响了。基于你先前有照顾到他的心情,他也会比较有反过来照顾你的意愿,因而想做出改变。

然而在某些状况下,孩子的行为并没有妨碍到父母的权益,孩子也就没有义务做出改变。以孩子爱穿破洞牛仔裤为例,这件事既没有影响到父母的生活起居,更没有影响到父母的工作,纯粹是爸妈担心爷爷奶奶叨念。这时候做父母的可以跟长辈解释这是现在的时尚,不去干涉孩子的自主权,也可以试着请孩子帮忙,跟他说:"我知道你很喜欢这条裤子,但是爷爷奶奶看到一定会碎碎念,而且会骂我。所以我想请你帮个忙,去爷爷奶奶家时换一条没有破洞的裤子,好吗?"至于孩子愿不愿意帮忙,那就是他个人的自由了。

人与人之间的权责界限,就是这样通过一次又一次的协商与讨论,才慢慢变清楚的。记得和前夫刚离婚时,朋友们还不太习惯。有一次我和前夫、前夫当时的女朋友,一起出席共同朋友的聚会,有个朋友一时忘记我们已经离婚了,看到我前夫变胖,立刻指着我说:"你都不管管他。"

当时,我没有多想便回说:"他现在已经不归我管了。"一边指了指前夫的女朋友。事后前夫的女友跟我说:"每个人都要为自己的行为负责。为什么会有谁归谁管的问题呢?"的确,虽然我知道每个人都要为自己负责,但一直到现在,我仍然不断地在厘清与协商责任的归属——这件事我有没有权利插手,以及我为什么要插手等。

或许一开始很难,但是通过一次又一次的协商和厘清,彼此间的逻辑会越来越强,共识也越来越清楚,渐渐地彼此间的冲突就会变少。整体来说,这是一个值得花时间学习的沟通历程。

多花几分钟，后续才轻松

让孩子学会自救，允许他们去探索自己喜欢的、不喜欢的，为自己发声，而不是依赖别人拯救。

从前面我们提到的"两条鼻涕"的例子，从自小就尊重孩子身体自主权这件事，或许已不难看出，为什么在西方国家长大的人比较独立自主，而且清楚知道自己要什么。尤其是在德国学习到的教育方法中，我发现最少的干涉与不去阻止事情发生，是让孩子们学得经验教训重要的一环。

记得实习的第一天，因为是难得的好天气，整个园所的孩子都被带去游乐场玩（德国的家长十分重视孩子有没有出去玩）。在观察教师与幼儿互动的过程中，我真心觉得德国的幼儿园非常注重培养孩子独立自主、解决问题的能力。当然，现在台湾地区的幼儿园也很重视孩子这方面的能力，只是亲眼见到德国老师们的实际做法时，我的心还是震动了好几下。

那天，我看到一个两岁的幼儿在沙坑里跌倒，身体整个扑倒，放声大哭。很快地，两位老师走上前，却没有人伸手去扶孩子,仅仅蹲在他身旁问:"你还好吗?"事后我问其中一位老师,为什么不扶他,老师回答这是要给孩子机会,让他用自己的方式站起来,如果马上伸手帮他解决,就看不到他解决问题的能力在哪里,也会养成孩子依赖他人拯救的习惯。

后来,我又看到一个小朋友想从高处下来,嘴里发出"嗯嗯"的声音,伸出了手,很明显就是要老师抱。其实老师抱他下来只要花一秒钟,但老师却没这样做,只是问他:"你需要我帮忙吗?"孩子点点头。老师说:"那你可以开口跟我说:我需要你帮忙。"孩子接着说:"我需要你帮忙。"然而老师还是没有抱他,只是教他如何转身,用安全的方式自己爬下来。前后大概花了五分钟。

从以上这两个例子可以看出,德国老师在处理幼儿受挫的问题时,相当重视培养孩子自救的能力,即使会花上比较长的时间。德国老师告诉我:"只要麻烦一次,后续就能轻松,也不用一直帮他,不是吗?"

我也曾经向不同的德国老师请教。有次我看到一位小朋友就要动手打另一个小孩了,在场的老师也有看到,但是反应却很淡定,没有做任何的处理。我问他为何不做预防性的警告,而是让争执发生,老师解释,毕竟得要有事情真的发生了,才有机会依据状况来引导孩子思考,除了伸手打人还有没有其他的解决办法。

老师又进一步说明:"如果永远都在事情发生前做预防,那孩子怎么学到当大人不在身边时,要如何处理类似的事情?"的确,我回想自己在孩子发生偷窃、说谎的事件时,向来不会紧张,毕竟**人一生都在学习与自己的欲望共存,只有发生了,才有机会讨论**。

但是据我对台湾地区家长的了解,这种做法可是会有很大的争议。尤其在幼儿园,如果家长通过监视器看到一个孩子作势要打另一个小孩,而老师只是静静地在旁观察而不阻止的话,这可能会闹上新闻吧?

对于我的疑虑,德国老师说,他们会在亲师座谈会时和家长说明一个理念:你的孩子在这里可能会被打、被咬,但我们会通过这个机会,教育孩子要为自己发声,而不是永远都依赖别人的拯救。

从台湾地区来的实习生们也在午餐时观察到,德国孩子吃得脏兮兮,裤子、衣服上都是菜,甚至不吃东西也没关系。但依照他们在台湾实习的经验,小孩不吃东西是很严重的问题,不仅要用很多方法吸引孩子吃,还要吃得有规矩。对此,我问德国老师:"德国以纪律闻名,但我发现你们给小孩很大的自由,这当中该如何运作呢?总不能一下子就从自由跳到纪律吧?"两位德国老师彼此边讨论边回答我的问题,他们认为上一辈的德国人的确比较严谨,但随着教育思潮的演变,家长也开始有所不同。幼儿园会在孩子入园时和家长签约，告诉家长，这里允许孩子自由探索，包括探索自己喜欢什么、不喜欢什么，也可以自由表达自己对某种食物的喜欢与不喜欢。这样他们才会有创意，才会了解自己，会表达自己想要什么、不想要什么。

回到一开始所讲的：为什么在西方国家长大的人比较独立自主，而且清楚知道自己要什么？我想，这些德国老师给我的回馈——**以最少的干涉好让孩子们取得经验**，就已经是这问题的答案了。

超前部署的吃苦实验

与其让他把所有的力量都拿来对抗父母，
还不如让他自己去发现不舒服的地方。

一位四岁孩子的妈妈问我说："老师，我想问一下，如果小孩很固执，怎么沟通或打也没用，能拿他怎么办呢？"

我说："碰到孩子固执时真的很头痛。可是什么情况需要打他呢？"妈妈回答："譬如请他把安全帽拿下来，但不管怎么好言相劝，他就是一直叫着'我不要！我不要！'，也没有什么理由。就连平常好脾气的爸爸，也会劝到受不了想动手打人，但孩子却依然故我，不要就是不要。他还会说我们是坏爸爸、坏妈妈，以后不要跟我们住，要换爸爸妈妈。"

我问："那有没有可能就让他一直戴着，直到他自己想要脱掉呢？"

妈妈大惊："你是说就顺着他，让他戴着去洗澡、做其他事情吗？"

我解释："是的。我知道听起来很不可思议，但我认为这是一个超前部署的实验。这种做法或许会让孩子明确感受到不舒服，与其把所有力量都拿来对抗父母，还不如让他自己去感受这样做其实是不舒服的。好比有些孩子，不管是男孩还是女孩，会为了反抗父母故意去跟不适当的人在一起，也因为用尽所有的力量想跟父母对着干，没有多余力气理性思考，以致忽略了跟不适当的人在一起的不舒服感。这种教养方法，会让他通过自然的回馈，学到避开危险与痛苦的长久之计。"

说到这儿，我忽然想起，如果孩子戴着安全帽四处走来走去，妈妈可能会觉得很丢脸，于是补充一句："其实像安全帽这种小事，让他自己去承担一些后果，父母都还不会太难看。要是都发生大事了，他还不知要承担，搞到最后变成更严重的事情，那时父母才是真的难看。"

妈妈说："所以他不吃饭也是一样吗？你的意思是，不要用'我是为你好'的方式来逼他，让他不是只想着反抗我，让他干脆去承受后果？"

我微笑着说："是的。人的本能就是饿了会想吃，还没听说过有哪个小孩饿死的。"

妈妈说："我好像懂了一点。因为我自己就是你说的那种，会跟父母对着干，而忽略自己不舒服的人。所以现在我应该改变自己，不要让孩子跟过去的我一样。谢谢老师！"

"太好了。"我说，"对了，再提供一个秘诀给你参考。当孩子在承担后果的时候,千万不要说'你自己活该!',而要说'好的,我尊重你的选择,如果你有不舒服的地方再告诉我'。因为这是一场实验,不是一种处罚。"

面对不舒服,人类都会有离苦得乐的本能。如果我们因为怕孩子受苦,就把孩子的苦强制拿掉,那他们就失去了学习保护自己、离苦得乐的能力。

就让我们超前部署,先让**孩子受点小苦,学习自己做决定、自己承担后果,来激发孩子觉察痛苦与避开危险的本能吧**。

> 在孩子因失败而沮丧时,成为他身后那座稳稳的靠山。

兔包的崩溃日记
成为儿子永远的支撑
妈妈，我问你喔……
我是不是很笨啊？
?!
怎么会这样想呢？
太负面了吧
你知道吗，你才不笨呢！笨小孩不会像你这样脑筋动得很快，才这么调皮捣蛋！

把"洪水猛兽"当成资源

允许孩子走进一扇他想进去的门,就算你不觉得那门里有什么,但难保他不会从那里再打开另一扇门。

"我花了好多钱给小孩学才艺,尽量充实他的人生,但他常是学一学就不学了。我很焦虑,他这样没有恒心,要怎么找到自己的潜能、开发潜能呢?"一位心急的妈妈问我。

我看了一下孩子的时间安排:托管班、心算、空手道、钢琴……

很明显,这孩子没什么自己的时间。"哇!我觉得你的孩子好像在跟你打网球,你发一颗球过来,他就得打回去,你再发他再打,要是一直这么忙下去,他的潜能大概也没有时间和机会冒出头。"

妈妈说:"有啊,我有给他时间探索啊。可是他就一直沉迷于打电动,我为了不让他打,才想尽办法把时间填满。他比较有兴趣的似乎是画画,可是画来画去都只会画车子,没什么变化。"

我说:"人会有各式各样的需求,就算你现在挡着,将来有机会它还是会冒出来。即便他现在好像很乖听你的话不打电动，但等他上大学、你管不到他的时候，他打电动的需求就会再度冒出来。台大叶丙成教授曾在写给大学新生父母的话中说到，大学第一个学期是最危险的。孩子在宿舍里，爸妈管不到，整个人就是无法克制一直打《英雄联盟》，然后考试不及格。所以不如现在把打电动当奖励，把'洪水猛兽'变成有用的资源。况且让他有机会打，他和你比较不会有冲突，心里也不会那么纠结，再加上有你在旁边帮忙，会让他学到自我控制的能力，所以我认为，有计划地允许孩子玩电动更有机会双赢。"

　　妈妈似乎同意了我的看法，接着又问起画画的事："那我要让他继续画画吗？他一直画车没变化，美术老师有按我希望，引导他去画别的东西，但后来他就不想去学了，因为他就只想画车。"

　　我回答："如果是我的话，我会让他继续画车。就因为他对车有兴趣，你可以再引导他去注意车子除了造型以外的细节、材质、功能等，其实车子这个领域是可以无限延伸的。现在你不让他把画车子的欲望表现出来，怎么知道后面会发展出什么？或许他画一画，以后就想画引擎、画飞机，搞不好因此激发出他机械设计的潜能。所以，你现在要做的，是允许他走进一扇他想进去的门，或许你不觉得那扇门里有什么，但是他有可能会从那里再打开另一扇门。毕竟没有人会想一直待在同一扇门里不出来，那可是很无聊的。况且激发潜能最好的方法就是'不要挡他的路！'。

现在也许一时间看不到成果，但他会从摸索、做错中学习，会有成就感，最后就可能有新东西冒出来，而潜能就是这样被激发的。"

父母希望小孩有所成就的那种迫切，常让我想起之前去国外出差时，看到的那些地板上有裂痕的房子。当时同行的长官告诉我："通常灌浆以后要等上一段时间，等到水泥都沉了，干了，硬实了，才可以往上盖。但如果上头长官急着要验收成果，等不了，就会看到没一会儿平地隆起城市。虽然当下看来，政绩是很好没错，但问题却会在未来一一浮现。就像那些地板上的裂痕。"

赶着要看到好成绩的父母，就像急着要看到政绩的长官，忽略了孩子其实是需要时间去内化、沉淀、练习与应用。过度目标导向，把所有力气都投注在功课上，可能很快就看到好成绩，但只注重成绩的缺点或许在以后才会浮现：好比家庭不和谐、和同事关系紧张、不懂得与人合作，而这一切都是因为太重视眼前的成绩，没时间让孩子和亲戚、朋友、邻居或同学一起玩、一起聊天，没机会借着互动而来的挫折修正自己。

所以，请耐心等等，多给孩子一些时间。

突破框架,把自己撑成大船

如果小孩老是挑战你、不按照你说的话去做,
那我要说:恭喜你!

有一天,我到一间位于大稻埕的幼儿园演讲。这里的家长素质都很高,也因为考虑到这个地区的家长很多是做生意的,所以我特别谈到在 AI(人工智能)的时代,养育小孩要比以前更有挑战性。毕竟没有老板会愿意聘请一个跟机器人一样的员工,叫他做什么他就做什么。老板会期待员工有思考、解决问题的能力。

但是具备思考、解决问题或是管理能力的人,肯定就不会是个听话的人。而他也必须是会主动质疑的人,会想说:咦,他这样说对吗?有没有可能可以更好?有没有可能我能做得跟人家不一样,做出市场区隔或是攻占蓝海?

当然,这样的人不是一天就能培养出来的,必须是从小培养起来的。

想教养出这样的小孩,家长可能会碰到以下的状况:孩子总是搞东搞西,但就是不读学校的书;老是挑战你,不照你的话去

做；别人都能好好念完大学，可他只念一半就不念了，跑去做你觉得怎么也不会成功的事。

如果你有这样的小孩，可能会很头痛吧？但是我反而要说："恭喜你！你的孩子是 AI 时代需要的人才。"

然而，要当 AI 人才的爸妈真是不简单。在小孩尝试、失败、跌倒、闯祸时，你得像大船似的，就算被大浪冲撞，内心也只会有小小的摇晃。要到达这样的境界，你的心量要够大，你得知道尝试、失败、跌倒、闯祸都是必经的过程。换言之，要当这种孩子的爸妈真正的挑战，是如何把自己撑成大船。

但要怎样把自己撑成大船呢？你得不断地挑战自己、问自己："我的框架错了吗？这些框架有没有可能是过去适用，但随着时代变迁需要被修正，甚至需要被解构的呢？"于是，当你每拆除一个框架，心中的空间就多出了一些。

那天，我看到一位美丽的妈妈拆下心中的框架，让我充满感动。这位妈妈有个三岁的女儿，她说她女儿什么事都要自己去试，不让别人帮。好比两只鞋明明就穿错边了，却硬是要这样穿，不管人家怎么说都不听。家中长辈不断摇头，对着这位妈妈说："你女儿这样固执，我看青春期就会跟男人跑了。"

我好奇地问："她现在才三岁，有什么迹象显示她会跟男人跑了？她喜欢跟男生在一起吗？"

妈妈说："没有，就只是很坚持己见。"

我又问:"你们家族里有人跟男人跑了吗?"

妈妈回答:"没有,可是长辈就是很担心她会跟男人跑。"

我说:"那你是不是觉得,女人跟男人上床不是处女以后就脏了?"

顿时,这位妈妈眼睛亮了起来,说:"啊,我懂了。"

好感动。美丽的妈妈好像看清楚了什么事情,拆掉了心里的一座框架,她的心量变得更大了。

> 养育两个男孩最大的收获,
> 就是一路拆掉自己的框架,
> 一个命令永远会有意想不到的解读,
> 当妈的能怎么办呢?
> 只能把自己的心撑成航空母舰了。

兔包的崩溃日记

定目标，有用吗？

"妈妈帮你们分类好了，你们以后照着放就不会找不到衣服了。"

长袖 / 短袖 / 袜子 / 短裤 / 长裤

好

我太天真了……

STEP 2 爱

在舒服的界限下相爱

你想要的，不见得是孩子想要的；
你觉得对孩子好的，孩子不见得觉得好。
你有自己的信念，孩子也有自己的追求，
你其实没有错，只是你不是他。

妈妈的一百种语言

不需要跟别的家长一样,
孩子只需要你好好爱他、听他说话,在遇到挫折的时候支持着他。

可丽曾经是我的学生。有一次她留言告诉我,她去听了学校举办的课程说明会后,整个人陷入大恐慌,需要和我谈谈。"参加说明会的家长们,似乎早就对课程了如指掌,问的问题都是进阶、进阶、再进阶。散场后,我只能坐在椅子上,担心得无法动弹。"可丽焦虑地说。

我能理解那种焦虑的感受,便对她说:"我了解,就像我们大学老师因为要审查学生入学申请,我第一次去听说明的时候,也和你一样听得雾煞煞。不过你在担心什么呢?"

可丽说:"其实我是担心自己无能,担心自己没办法扮演好母亲这个角色。因为那些家长仿佛各个身怀绝技,舞着大刀为孩子披荆斩棘,也已经预先帮孩子搞清楚状况、安排好未来。"

我说:"所以你是担心自己,而不是担心孩子?"

可丽愣了一下,回答:"不是。我是担心我的孩子没有一个舞着大刀为他披荆斩棘、先帮他搞清状况、安排好未来的母亲。"

我说:"这么说来,你认为一个好的家长必须为孩子披荆斩棘、搞清楚状况、安排好未来?"

可丽肯定地说:"是!"

我又问:"那么,你觉得从你孩子的观点,他会需要怎样的妈妈?"

可丽说:"我不知道。"

我试图换个方式厘清状况,问她:"你觉得他需要一个舞着大刀为他披荆斩棘、搞清楚状况、安排好未来的妈妈吗?"

可丽迟疑道:"应该不是吧?"

我接着问:"你现在明明是碰到课程的震撼,为什么会来找一个和你一样不懂具体内容的我呢?"

可丽回答:"因为我知道老师会听我说。"

我微笑地说:"是啊!所以我们需要的不见得是能帮我们解决问题的人,而是一个能引导我们有力量、有信心去解决问题的人。你还记得《孩子的一百种语言:意大利瑞吉欧方案教学报告书》吗?**不同的小孩不需要是同一个样子,也不能是同一个样子。同样的道理,老师和家长也一样,不需要一个统一的样子才叫作好家长、好老师**。换作孩子的眼光来看,其实有很大的可能,他并不期待你先帮他杀出一条血路。他只需要你好好爱他、听他说话,在遇到挫折的时候支持他、帮他找资源,而这些是你可以做的，更是别人做不来的。"

可丽问："所以我不需要像那些家长吗？他们看起来真的好厉害。"

我说："不是有个统一的样子才叫作好家长。你有看过'德州妈妈没有崩溃'[①]的脸书粉丝团吗？好多网友都在指导德州妈妈，告诉她要如何把小孩教养成乖乖坐好、有礼貌的样子。可是德州妈妈很清楚，**要做一个孩子需要的妈妈，而不是和别人一样的妈妈**。所以，你也是。你不需要跟别的家长一样，**你只要做你孩子需要的妈妈就可以了**。"

说出需求，不误会、不委屈

同样地，我也只要做我孩子需要的妈妈就好。就像某个周六我坐在餐桌前喝咖啡，听到女儿在背后呼唤我的声音，她说："妈妈，你可以过来帮我一个忙吗？"

我边回话边站起来："好。我可以为你做什么？"

女儿指着抽油烟机，说："你先记住这个还没刷洗前的样子。等我刷好了以后，你再过来看一次，然后给我拍拍手，说我好棒。"

我大笑："没问题！我等一下会过来给你拍拍手，谢谢你的努力。"

关于这点，我得说我女儿很懂人性，她知道人类的注意力是

[①] 台湾地区人气作家，脸书网红。

有选择性的，不是每个人都会注意到你的贡献。因为，如果对方没有身在其中，不会知道你的辛苦，也就不见得会给出你应得的相对反馈。所以女儿选择不给彼此出难题，而是直接表达出她的需要：我希望你看到我的努力，我希望你给我拍拍手。她让我看到抽油烟机洗刷前的原貌，就能帮助我在看到洗刷后的差异时，真心地给她拍拍手。

如此一来，努力工作的人不仅能被看见，也可以得到想要的鼓励；坐享其成的家人也不用担心，自己是不是又没注意到对方的努力，被指责说不用心，或是感谢时用错方法、说错话，一秒惹毛对方。

其实，过去女儿也曾认为，为对方做的事，说得太清楚就没意思了，但经历几次彼此牛头不对马嘴的自认为是好意的事情后，她终于同意她老母（也就是我）的这套方法：与其等别人猜、给了不满意的响应，还不如直接讲清楚自己的需求。于是之后便皆大欢喜。

或许我这样并不浪漫，但明确指出自己的需要，不用对方瞎猜，确实也使我们亲子之间很少有冲突，付出的人也不会因为没有被看见而感到委屈。

"
面对孩子日渐增长的童言童语，
当妈的，在握紧拳头之际，
与其等待孩子说出自己想听的话，
不如放下期待、讲清楚需求，
谁都不需要委屈。
"

兔包的崩溃日记
大家都“回不去了”
看看刚满一岁的你们。
圆滚滚超可爱♡
再看看你们现在……
回不去了!
妈妈一样也回不去了呀!

放下执着，放过自己

接受自己的本来面目，
同时抱持开放的心，去看新的可能性，成功之路不会只有一条。

　　那天有一位妈妈来找我咨询。这位妈妈毕业于世界名校，还是上市公司一人之下万人之上的高阶主管，管理起员工是游刃有余，唯独拿宝贝儿子没有办法。她说儿子玩社团玩到快要被退学了，两人几乎反目成仇。虽然她自己是走在科技前端、对于新知涉猎很广的人，也明白像儿子这样的人将来不见得会失败，但她就是看不惯儿子的做法。

　　不过，她来找我，并不是要我教她改变儿子的方法，而是要我帮她放过自己、放过儿子。

　　我能理解她的想法，于是对她说："我似乎看到你有一个怀抱了数十年的信念——努力读书就会功成名就。对你来说，这个信念千真万确，你现在能过上这么好的日子，也是因为这信念才做到的。"

　　她说："但我也知道，适用于我的，不见得适用于他。他不爱读书，只要一不盯着就会逃课，搞得我们每天好像猫捉老鼠一样。而我也看过公司一些为人处世很灵活的同事，他们的学业成绩或许不见得很好，但过去玩社团的经验却能让他们现在变得很会做事，我们公司用人也都会用这种人。可问题是，明明我知道成绩不代表一切，为什么看到儿子做相同的事时，我还是快要抓狂？有时候我都觉得自己超级分裂的。为什么我就是这么看不开、放不下？"

我解释给她听，说："这是因为从小我们就被植入一个信念——书中自有黄金屋，书中自有颜如玉。这个信念通过考试考得好，爸妈就很高兴，老师喜欢你，同学羡慕你，如此反复强化，于是脑中那条神经路径，就从细丝变成棉线、麻线、塑料线、钢线，再到光纤，越来越坚固。为了实现这个信念，一路以来你过得多辛苦啊！如果今天突然有人说这个信念是错的，那不就等于否定了你的过去？你当然会打从心里反抗，不愿意放弃信念，所以一看到儿子违背这个信念，自然就会生气。"

她接着问道："你的意思好像在暗示，这个信念并没有错，虽然也不见得是对的。"

我回答："你说得没错。我认为对你而言，这个信念是对的，但对你儿子就不见得。"

她似乎如释重负地说："啊，原来我想的的确没有错。或许我儿子真的不适合走我走过的路。"

我说:"没错。也只有当你不再纠结于谁对谁错,你脑部的工作区才不会塞满愧疚、抵抗、责怪、冲突等各种声音,导致无暇去建立另外一条神经路径。"

她好奇地问:"什么神经路径?"

我回答:"这条神经路径就是你刚刚说的,会玩社团的人也可以成功。其实你早已有这样的信念,只是还很薄弱,像条细丝般。现在你要做的是,如何让细丝强化、变得坚韧,也不要去纠结自己是不是分裂、是不是坏妈妈。你只要抬起头来,去和公司里那些像你儿子一样的人聊聊。"

她恍然大悟道:"啊,我懂了。好。我会努力放下我的偏执……"

我更正她的话,说:"**不用努力,只要接受**。你要接受——我就是相信书中自有黄金屋的人,但除了相信这句话,现在的我也要去看看别的可能性,才能让我对成功路径有更完整的了解。"

她笑着说:"对对对,内心不要再打架了。**只有接受自己本来的样子,才有力气去发展更多的可能性**。"

> 接受自己本来的样子,
> 也接受孩子眼中的自己,
> 重新建立彼此的认知。

兔包的崩溃日记
不中听的事实
爸爸！快跑！快快快快快!!
爸爸!!那里还有一个坏人!
这样就死翘翘了，爸爸好弱哦!
对呀，爸爸弱爆了!

没有白走的冤枉路

经验是人类最珍贵的礼物,却也是最大的绊脚石,很多时候冤枉路才是走对路的必经过程。

如前所述,当过去的信念遇到冲击,我们得先接受自己原本的样子,再以开放的态度扩展新的观念,以面对亲子间可能面临的时代落差。但有时孩子的做法跟过去的自己并没有冲突,甚至还一样时,为何我们也会生气?就像爱丽的先生和儿子发生的紧张关系那样。

爱丽很不解,说:"我老公自己以前也不爱读书,在职场遇到被打脸、被压榨的事情后,才痛定思痛、悬梁刺股,之后苦读考上名校,于是才有现在这份好工作。但为什么儿子也不爱读书的时候,他却不能忍受?我跟老公说:'没错,上好学校的就业机会的确会好一点,但既然儿子不想读书,就给儿子一点空间嘛,或许工作后儿子会有不一样的想法,会愿意好好念书。'"

爱丽讲得很有道理,而我很好奇她老公的答复。爱丽回答说:"老公说,就是因为他自己走过那条辛苦路,很明白唯有把书读好才是王道,所以绝对不会让儿子重蹈覆辙,走冤枉路。但他为什么那么固执啊?"

我说:"经验可以是人类最珍贵的礼物,也可以是最大的绊脚石。就以我最近去玩密室逃脱为例,有些玩家因为有成功通关的经验,遇到相似关卡时,就会直接把过去的成功经验套用到现在的关卡上,结果反而因为太有信心、太坚持之前的做法,通不了关,耽误了很多时间。"

爱丽轻叹一口气,接着说:"不晓得何时我老公才会看清楚,他坚持要儿子照他的意思少走冤枉路,这样不仅不会比较快,反而会磨耗父子间的感情。你觉得他什么时候才会放弃那自以为是的想法?"

看着桌上刚刚到货的左手轨迹球鼠标,我突然有了灵感:可以拿它来做比喻。我对她说:"我桌上这个新鼠标,有个跟你的疑问类似的故事。我的右手呢,大概从一九九九年开始因为拼命读书、拼学位、拼论文、拼升职等,最后拼出了个肩夹挤症候群。无论怎么复健、治疗,就是好不了。

"十几年前有朋友跟我说,休息是唯一的办法,但我有生计考量,不敢休息。后来他建议我改用左手,然而我是右撇子,所以完全没考虑。

"直到最近,我又因为准备课程讲义和剪影片,整个右手发炎,痛到睡不着,这才跟我的医师哥哥说。哥哥检查了我的坐姿，也观察我打字时手肘有没有支撑、有没有九十度弯曲等姿势，当他发现我该做的都做了，甚至换了最省力的轨迹球鼠标后，他只说了一句'你要不要改用左手？'，顿时突破盲点。我马上下单买了左手轨迹球鼠标，也开始学习用左手操作。"

爱丽说："所以说啊，如果你十几年前就听朋友建议，这问题早解决了。唉，为什么你当初就不听话呢？"

我回答："惯性吧？毕竟当一辈子的右撇子突然要改用左手，总觉得付出的代价太大了。"

爱丽问："那现在为何又愿意了呢？"

"因为实在痛够了啊！"我说，"跟你先生年轻时一样，我也是个什么都要试过才肯认命的人。此外，还有一点很有吸引力——听说用左手有益脑部健康。"

爱丽不解地问："什么意思？"

我说："就是我们得去做些不熟悉的事，才能保持脑部的活力。如果老是用同样的脑部区域，那些没有用到的区域就会慢慢萎缩。"

爱丽又问："所以你的意思是，我先生得什么都试了、痛够了，他才会认命让儿子出去工作？"

我说："对！但或许你还可以加码，告诉他让儿子早点出去工作的好处。"

爱丽好奇地说："有什么好处？像我老公那样，先去工作，然后发现读书才是王道？"

我说："你儿子现在不是在读高职吗？现在大学入学途径有个'青年教育与就业储蓄账户方案'，听说走这个方案入学的学生都很优秀，因为他们知道自己为什么要读书，所以表现得很好。而且政府好像会给他们钱，放在账户里，让他们以后有资金可以运用。"

我们经常担心孩子会像我们一样走冤枉路，殊不知，**很多时候走冤枉路才是走对路的必经过程，跳过了，就算是对的路也会不对，这是因为少了经验、磨练，少了波折所带来的智慧**。更何况，时代在变，制度在变，父母过去的经验不见得能够完全移植与适用在孩子身上。

所以，当孩子不照你的意思走时，试着给彼此多一点的空间和时间吧！要是为了帮孩子省个几年时间，却把彼此感情都弄坏了，还真是得不偿失呢。

改自己就可以

有次，学校同事也跟我说了发生在她老公与孩子身上的类似例子——先生小时候课业成绩差，不但自卑也吃尽苦头。她不解的是，正是因为苦过，先生应该对功课不佳的大儿子特别有同理心才是，但怎么会刚好相反，先生总想着要把大儿子转到私立学校，甚至请家教，或是自己晚上尽量待在家，反正就是要亲眼盯着大儿子读书。只是儿子的成绩依然拖后腿，父子两个人的关系紧张得不得了。

同事不解道："怎么会这样呢？"

我说："这真是一个有趣的现象。当一个人在某议题上感到不自在、纠结、恐惧或想要逃避的时候，那个议题便会以各种方式不断出现，逼你面对。就像我有个朋友，她的父亲对她极为苛刻，从小就要她烧饭、洗衣、扛重物，还因为太小就扛重物，扛到后来连脊椎都压弯了，活像是家里的用人。所以她从小就发誓，长大要嫁给一个会照顾她的人。结果她真的如愿嫁了一个可以让她安心在家、不用去上班的先生，感觉应该就此衣食无虞，却没想到她先生有洁癖，是个连地板上出现一根头发都无法忍受的人。所以就算她不用出门上班，但其实还是在上演'我是家里的用人'的人生剧目。"

我曾经问她如何形容自己和父亲的关系。她说："我总觉得如果不照爸爸的话去做，他就会不爱我。"讲完这句话后，她就发现了问题的症结，原来她深信，如果不照对方的话做，对方就不会爱她了，因此即便发誓要嫁个会照顾她的人，才不用当"家里的用人"，却仍因为深信如果不照对方的话做，对方就不会爱她，而在婚后继续当"家里的用人"。

"同样地，你先生在学业成绩不佳的这件事情上背着耻辱。这个耻辱并没有随着他毕业而消失，反而是以各种方式持续回来找他、逼他面对，好比儿子成绩不好的这件事。这时除非你先生能打心底承认，在学业以外，人还有别的天赋，他才能放下学业成绩不佳的耻辱感。"

听了我说的话，同事好奇地问："那你有没有一直回来找你面对的议题？"

这时我的心里一惊！原来我看别人的问题很清楚，看自己的问题就不是这样。"我想一想再跟你说。"我告诉她。

回家的路上，我检视了自己和儿子、女儿的关系。想清楚后，我跟不爱读书、退学从事音乐工作的儿子说："你是妈妈最成功的'产品'。妈妈从小功课也不好，直到大专毕业才开始倾听内心的声音，一步一脚印地往自己的渴望走去。虽然到四十三岁才拿到博士，但我一直是追着梦想跑，而不是被恐惧追着跑。所以在这件事上，我通关了，现在看着你也跟随自己内心去走，我才没有一直找你麻烦，也没有跟自己过不去。"

我也跟女儿说："妈妈太完美主义了，所以做事戒慎恐惧、紧张兮兮，总是会铆足百分之两百的力气。我知道你也跟妈妈一样，很容易紧张害怕。但不管怎样，你按照自己的速度和方法，做自己就好。"

> 想要改变小孩吗？不，改自己就可以了。
> 孩子承袭父母的血脉是理所当然的。
> 担心孩子走你走过的冤枉路，
> 也许就少了让他磨练的机会。

兔包的崩溃日记

看到儿子的考卷，我仿佛看到了曾经的自己

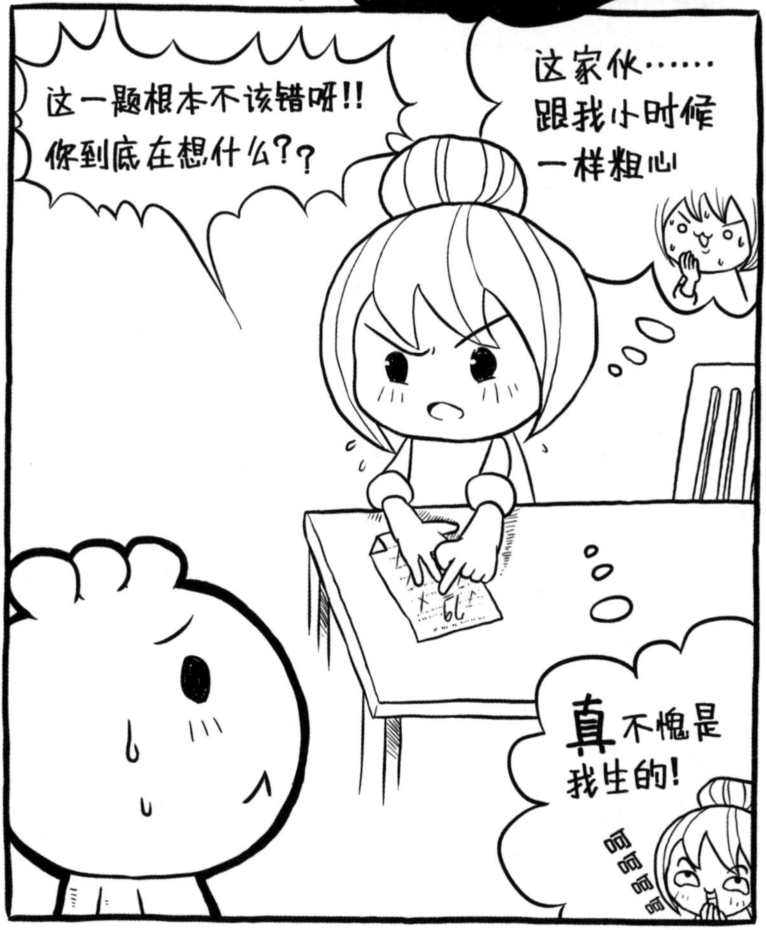

一起拓展生命经验

无论你觉得孩子的观点有多扭曲，
都得先听得懂，才能有话语权。

有天晚上章妈妈来找我，说她女儿觉得自己太高，没有男生会想跟这么高的女生交往，所以很自卑，故意驼背，让她很担心。

我说："好羡慕啊，可不可以要你女儿分一点身高给我。"

章妈妈说："就是啊，我也好羡慕。可是我越安慰，她越生气。我觉得她的观点太扭曲了，我能不能纠正她啊？"

这件事让我想到，有一阵子我真心认为人生就像庄周梦蝶一样，人其实是活在虚拟世界中。我跟女儿说，这个世界是虚幻的，她并没有驳斥我，只是听着。我有点担心她觉得我疯了，她却用食指与我的食指相碰，表示她懂。当我知道她懂后，我安心了，领悟到对我女儿来说，我的感觉没有对与错，如果我觉得是真的，那就是真的，我觉得是假的，那就是假的。

这个经验使我也想让章妈妈知道"感觉没有对与错"，她女儿

"觉得"自己太高，那就是太高，因为所有的感觉都是"真的"。

于是我问章妈妈："你觉得自己胖吗？"

在模特经纪公司工作的章妈妈，不假思索地说："我超胖。"

我说："你五十岁，四十六公斤，从我的角度来看，你根本不胖。可是你说胖，那就是胖。因为你的参考值，或许是根据公司那些年轻模特而来的。所以你女儿今年初一，她觉得自己太高，那就是太高，因为她的参考值也是根据班上同学来的。即使别人看起来不是事实，但她所有的感觉都是真的。"

章妈妈疑惑地说："所以不用纠正她吗？"

我说："不用。而且暑假快到了，你就带她去公司晃晃，让她有机会看到不一样的参考值，或许会有不同的感觉。"

章妈妈说："我之前有跟她讲过，林志玲那么高，还不是有Akira爱她，但她觉得因为我是她妈妈才这么说。"

我说："孩子都认为妈妈的动机不单纯。妈妈说的话，他们才不会相信。因此你只要听得懂她，找机会扩展她的生命经验，好比让她看到同学之外的世界，或者让她去你公司打工，整天泡在那个环境里，她终究会根据不同的参考值而有不同的感受。"

章妈妈问："真的不用再劝些什么吗？"

我笑着说："真的！你只要点头说，我了解你觉得自己太高，就像我也会觉得自己太胖一样，超困扰的。这样就可以了。"

章妈妈说："真的可以讲自己的经验吗？"

我说:"当然可以!但是后面就别再说教了,让她知道你听懂了就好。"

要记得**"所有的感觉都是真的"**,所以无论觉得孩子的观点有多扭曲,父母都得先听懂,才能有话语权。想想,今天换作是你,如果觉得对方根本不懂你,又怎么会听得进去对方讲的话呢?

因此,碰到孩子有扭曲的世界观时,就试着让孩子出去体验,取得多元的参考值,那些原本扭曲的世界观自然会松动。等到孩子卸下旧的价值观,父母就能再通过探问与讨论,让孩子慢慢形成一个属于自己,而且更有建设性的世界观。

宁可痛,也不抢走孩子的练习机会

那一天女儿跟我说,有两位同事分别对她感叹:为什么养育子女这么难?说好的甜蜜负担在哪里?一点都不甜蜜啊。她不解地问我:"可是你一直说抚养我好好玩,难道是骗我的吗?其实现在回头看我过去发生的种种,我都会想如果我是你,不是担心死就是气死,怎么会好好玩呢?"

我说:"如果你是说抑郁发作差点跳轨自杀,或是台大毕业跑去打工刷厕所的事,我的确有些担心。但认知与想法会影响情绪,通过学习,我知道抑郁发作差点跳轨,有可能是因为血清素分泌不够,而台大毕业跑去刷厕所则是职业生涯探索必然的发生,既然都是在理解范围内,情绪也就没有太大的波动。"

女儿问："那为什么你会觉得好玩？"

我说："应该和我的人生观有关吧？无论如不如意，我选择接纳发生的所有。至于我为什么会接受不如意，是因为我心知肚明，如我意，不见得是对的，也不见得是好的。举个例子，如果你一直都如我意，让我放心。有一天你碰到挫折或挑战，而我已年迈，无法再罩你了，请问你要从哪里生出信心和能力来罩自己呢？

"应对人生逆境就像学骑脚踏车，只要我还扶着你，你就不会真正学会。你一定得摔，得自己掌握平衡，那才是真正的会，我插手只会让你没经验、更没信心。所以，看你摔倒我会痛没错，可我不能为了让自己不痛，就抢走你练习的机会。

"至于为什么感到好玩，是因为看着你跌跌撞撞，练就出我意想不到的方法与智慧，去克服困难与厘清迷惘，是很新奇、欣喜的经验。我得说，那是我接受自己的痛，勒住舌头不出手才换取来的珍贵礼物。"

养育子女会痛，因为他们时时刻刻在挑战你的惯性与固有认知，逼你不得不和他们一起成长。这种痛是好痛，不需要赶走它。**因为痛苦，你会去阅读，会去学习，在扩展认知后，未来许多发生的事就会在你意料之中，相对地，也就不会再那么痛苦了。**

所以**想要不痛苦，就得先接受痛苦**。但我们不能为了让自己不痛苦,而害小孩没手没脚,好像没了我们就活不了。**只有接受痛苦,你才不会那么痛苦,随之而来的也才会是你与孩子共同成长所带来的甜蜜。**

别开自卑的一枪

自我感觉良好的人,不会被他人的论述唱衰,
会照着良好的自我形象,自信地走在人生道路上。

　　在我的家庭沟通课程中,有提及一段实验。实验者到一个老人中心,测评老人们的运动能力并且记录。然后,实验者对每个老人都撒了谎,好比说:"你真的是八十七岁吗?你的检测年龄是七十七岁。"这个实验把每位老人的年龄都各减了十岁,过一会儿再帮他们重新测量,结果发现老人们的运动能力,平均增加了百分之十到二十。

　　我跟女儿分享这个实验的心得,告诉她这就是正向语言的力量。女儿点点头,说:"这可以解释为什么我总是觉得自己很美。以前我觉得学校美女很多,自己站在她们旁边相形失色,有时候还会觉得自己很胖。"

　　女儿继续说:"但每次当我一个人的时候,我都会看着镜子对自己说:'哎哟,我妈怎么把我生得这么美?'这句话是下意识的,不是理性可以控制的,好像就很理所当然地那么觉得。但我

怎么会这么理所当然呢？后来有一次，我看到你对 milo 做的事，才知道是为什么。因为你常常用闽南语跟狗狗说：'milo 水水①，milo 水水'，所以 milo 就真的觉得自己是宇宙无敌水水，理所当然被大家爱着。客人来家里时，它就大剌剌地坐在人家的腿上，一副理所当然你会喜欢我的样子。也不只 milo 啦，你也常说我很美啊！"

原来这种语言的正向力量，也在无形中让女儿建立了自信呢！

与理所当然的自信相反的，是没来由的担心。一位妈妈就告诉我，她很担心自己的孩子，莫名地担心。在谈了很多状况后，我问她，生活中有没有什么事情是她永远不会担心的。

我发誓，如果可以用"光"来形容一个人说的话，我觉得她接下来所说的，都要把我闪瞎了。"钱！"她说，"就算我的口袋只剩五百元，我都相信自己不会缺钱。每次钱都会莫名其妙进到我口袋里。"但说来也奇怪，才刚讲完这句话，她就喃喃自语说："或许，我对孩子也应该要有这种莫名的信心才是。"

这位妈妈顿悟的刹那令我印象深刻。所以当天女儿回家时，我也问她，有没有什么事是她莫名有信心的。

女儿说："有啊，就像我上次跟你说的，即使学校美女如云，我仍坚信我自己很美。"

我笑说："你是啊！"

---

①闽南方言，意为漂亮。

女儿说："就是啊！"

就像先前说的语言的正向力量，因为从小我就常对女儿说："妹妹很美"，所以就算学校美女如云是个事实，她也对自己"很美"这件事深信不疑，而且她也真的是"美"的。

信心也会形成一股奇妙的力量。改变信念远比担心、挂心来得有效、有用。好比我自己，就对出国读书有莫名的信心，在还不知道钱要从哪儿来的时候，就有信心一定能出国读书，没想到真的就在快要山穷水尽时，有了赞助、奖学金来解除危机。

唱衰，孩子就真衰了

或许就是这样的自信，以及在自信之后获得的运气，让我被称为"幸存者"。不只网友说我是幸存者，去演讲时也有家长这样说我，还有次接受采访时，采访者更说我是从被驱逐到被追逐的幸存黑马。

这让我开始好奇，之所以能"幸存"，之所以能"从被驱逐到被追逐"，应该有个原因吧？是因为自我感觉一直很良好吗？

有位连锁幼儿园的园长告诉我，她一直以来读书表现很不错，爸妈觉得既然发展得好，也要照顾弟弟妹妹，所以当她的幼儿园一家一家地开时，她也把弟弟妹妹都拉进来工作。偶然间我问她是什么学校毕业的，她说是南部一所技术学院的幼保科。一时间我有些惊讶，因为我的生活周遭充满了从台字（如台大、台师大）或中字（如中兴）等大学毕业的人，读中字的还会觉得自己一辈子不如读台宇的，因此，当园长说自己书读得不错时，我着实有些讶异。

然而在被称为幸存者之后，我试图联结园长和我的共同经验。我发现我们都是偏离社会主流价值、不被看好，但是自我感觉挺良好的人。这更让人确信自我感觉良好的重要性，若是自我感觉不好，生活不仅不快乐，也有可能会陷入忧郁。

像我们这样自我感觉良好的人，不会被他人的言论所唱衰，会照着良好的自我形象，自信地走在人生道路上。

好比我开始教书时其实已经离婚了，当时有学生质疑我，离婚的人有什么资格教婚姻研究，但我却能很兴奋地自我推销，说："就是因为我离过婚，才适合教你们啊！我知道两个人关系为什么会破裂，也知道未来两个人要如何继续沟通下去才能合作抚养孩子。有这样的我教你们婚姻研究，你们真的赚到了。"

我并非在为自己找借口，而是打从内心这么认为！这当然也要感谢我的父母，在我离婚时非但没有责备，还处之泰然。后来还有学生写信来，说她都不敢跟人家讲自己离婚的事，因为觉得很自卑，没想到我敢站在讲台上说自己因为离婚变得更厉害。她这才发现，原来丢脸的事也可能是那么自豪的资产。

幼儿园园长其实也有类似经验，他们身边的重要他人，父母或亲朋好友都没有人"开枪"，让他们觉得自己很丢脸，也没让他们日日浸泡在自卑里，因此他们就有自信，用他们原来的面貌、自由挥洒、尽情发挥自己的能力。

可如果我们是被家人给唱衰，恐怕也只会背着重重的自卑乌龟壳，怕人家发现我们丢脸的事，总想要躲起来不敢出头；我们或许会就此陷入不如人的自怨自艾中，再也没有力气去创造些什么。

有时家长因为担心就出言警告，其实就是唱衰孩子，于是，孩子仿佛就会如家长所愿般，变成了很衰的孩子。

我并不是说家长不用教养小孩，**而是不要用"唱衰"的方式**。好比小孩不读书，你可以和他一起探讨为什么不想读书，小孩不起床，你可以和他探讨怎么做可以让他有意愿起床，而不是说，"不读书、睡懒觉，你这一生就废了"。这样就是唱衰了。说真的，**天天浸泡在这种被人看衰的能量场中，要不衰也真的很难**。

正向表述，让孩子变聪明

说个我自己的经验。某次接到期刊编辑的来电，转达委员们希望我修改论文的讯息。我静静地听着，虽然口中"嗯、嗯"地回答，但心里总想着自己不够好，也觉得这些要求都好难，这些顶级期刊的要求，我应该是做不到吧？

正感沮丧之际，却听到编辑说："大家都努力着要帮你把文章变更好呢！"忽然间，我脑中浮现，平常我开审查会议审查别人的东西时，心情和氛围都不是在嫌弃，而是想着要怎么帮那些年轻人变得更好。一想到这儿，原先觉得被嫌弃的沮丧心情，就因为意识到委员们的好意变得积极起来,我文思泉涌,立刻又想出了好几个点子。

要是一直觉得自己被嫌弃,那真的会变笨。只有在觉得自己被支持时,才会瞬间变得更聪明。所以努力要让孩子变好、变聪明的家长们,就让我们用正向表述,告诉孩子哪里已经很好了,哪里可以做得更好,来取代皱眉头、翻白眼、"啧啧啧"与摇头吧。

只用心意,孩子收不到,必须加上你肯定的语言和表情,孩子才听得到和看得到来自父母的温暖支持。

要抗压，先跳坑

你只要在孩子受伤回家时，提供一个复原的环境，
确保没人会再对他们补上一脚，这样就够了。

朋友长青读初中的儿子失恋了。看到儿子难过得无法专心读书，长青又气又心疼，他气早就警告过儿子不要谈恋爱，气儿子怎么那么没用，只是失恋就饭不吃、书也不读，气儿子一点抗压性都没有。

长青问我："看来我儿子真是没有抗压力，你是怎么增加孩子的抗压力的呢？"

我回他："我都是用陪伴来让孩子复原。"

长青说："但，我是问'抗压力'。"

我说："我的意思是，当我的孩子无论是失恋还是工作受挫，遍体鳞伤地回到家时，我都会听他说、同理他，不会急着要他别难过。这样他受伤的心就会如同受创的皮肉，慢慢地复原起来，下次他再碰到类似的事情，反应就不会那么剧烈了。对我而言，这就是抗压力变好了。"

长青说:"我以为抗压力是要用某种方法,训练小孩在面对压力时能坚韧不摧,就像很粗的钢条一样。"

我说:"再怎么粗的钢条,一个极大的力量打下来,还是有可能会断掉。我反倒希望我的孩子像柳枝,能屈能伸,感觉更能适应这个多变的社会。"

长青还是于心不忍,说:"真希望孩子能在我的保护下,永远都不要受伤啊,但偏偏他们是哪里有坑就往哪里跳。"

我告诉他:"现在孩子跳小坑受伤,我反倒觉得是好事。就像练肌肉一样,每次的小创伤,在休息以后就会长成肌肉,还会越练越强壮。我认为只要不是一次就被打趴,让孩子受点压力与创伤,其实就像练功一样是好事。"

长青疑问:"那万一一次就被打趴呢?"

我说:"所以要练啊。通过一次一次的受伤与失落,他会认清人事无常。尤其是人,人是最无法掌握的,即使努力也不一定有结果,但是不努力,一定不会有结果。就这样来来回回受伤与复原多次,未来他再碰到失败的时候,心中的波动就会像柳枝一样,或许会弯曲,但不会折断,很快就会恢复原状。"

长青说:"真希望他赶快好起来。我叫他要赶快忘记她,以后不要再谈恋爱了。"

我说:"其实太急着要他好,不见得会真的好,毕竟复原都需要时间。你急,他只会假装他好了,不让你看见,但其实里面还烂着。慢慢来吧！爱情这种事，从来就不是能计划的，要来的时候八匹马都拉不住。既然挡不了，就让他练习吧。更何况，把时间拉长来看，考试成绩和失恋所带来的成长，对整个生命来说，显然后者意义要来得重大许多。"

长青还是不放心地说："那万一他一次又一次地失恋怎么办？难道要让功课都毁了？"

我说："这就和一个人一次一次地创业，每次都失败一样，需要有人帮他厘清问题出在哪里。如果你不希望他屡战屡败，希望孩子愿意听你的话，那他难过的时候你千万要勒住舌头，别落井下石说'我早就告诉过你'，这样你才有机会陪伴他、帮他厘清问题。"

孩子跳坑受伤，你心里只想骂人、说不出什么同理的话，没关系。**这时候只要回到你的心，去感受他的痛，想象换作是你会有多痛，只要这样就好。不用说话，光是感同身受就很好了。**而后，当你一次次地练习感同身受，最终，就会打从心里了解、同理，说出来的话也会言之由衷，这个时候，你就获得可以和他讨论的话语权了。

成为孩子的避难所

长久以来一直有人问我，孩子没被骂、被嘲讽习惯，以后出了社会不习惯怎么办？刚好我就是那种小时候没被骂、被嘲讽习惯的人，而我的孩子也是，因此我可以回答这个问题。

一开始被嘲讽、被骂的时候，我的确感到很惊恐，但是回到家，家里的氛围总是那么平和，不会有人继续嘲讽、继续骂，就好像重量训练一样，虽然负重会造成肌肉的小小破坏，但只要好好休息，身体就能自动修补与复原，也会让肌肉越来越强壮。家里平和的气氛让我得以好好修复，渐渐长出能力，不纠结于逆境，适应力也变得越来越好。

我把这个叫作复原力。

如果我一直被保护得很好，没有机会遇见逆境，就像没做过重量训练那样，虽然岁月静好，但会被人一打就倒。所以我很感谢我爸妈不管我，让我保有犯傻吃苦的权利，即使我深夜骑车跑去西餐厅唱歌摔得鼻青脸肿，或者因而碰到枪击命案，爸妈还是尊重我的意愿，让我继续自讨苦吃。就算爸妈知道我借钱给人，对方不还，也没有补踢我一脚，说些会让我更加悔恨纠结的话，让我得以从错误中成长，而不是被悔恨啃噬消磨心神。

因此，我对孩子受苦的态度也和我爸妈一样，虽然看了难受，但也只是默默地看着。要是真的慈悲之心泛滥涌起，就把头别过去忙自己的事，免得掠夺孩子从痛苦与挫折中培养能力的机会。

我牢记自己的责任，是让**孩子在受了伤回到家时得以安歇，提供一个复原的环境，确保没人会对他们补上一脚。我也不会直接拿走他们的痛苦，而是静待孩子慢慢复原再出去迎战**。当然，若是事态紧急，要不要出手就得靠家长的智慧判断。但这时得先观察，自己的起心动念到底是为免除紧张焦虑，还是不出手孩子就真的毁了。

然而，有些孩子生命中的挑战特别大。他们在自己家里被破坏得太严重，这时学校就要成为他们的避难所，也是他们培养复原力的地方。面对这样的孩子，师长对他培养的学业要求可以放低一些，让他们在学校能够好好安歇，好好复原。

我们常说要支持所爱的人、受苦的人，**所谓的支持并不是拿掉他的痛苦，而是给他一个可以安歇、感到安全，可以放心地待在那儿，等到复原之后再出发的地方。**

羞辱只会帮倒忙

孩子现在让你头痛的那些事，都只是暂时的过程而已，与其嘲讽他、恐吓他，倒不如教他怎么做会更好。

我的好友曾是服刑人员，因为自己曾经迷惘过，所以想用个人经验尽可能帮助那些犯法的青少年。于是我请教他，有没有什么建议可以给我的读者家长们，他告诉我，"**绝对不要去羞辱做错事的孩子，给他们贴标签！**"，并以自己的亲身经历，详细描述为什么这件事如此重要。

他说："记得小时候不能讲闽南话这件事吧？那时讲了闽南语的人，就要在胸前挂个牌子，让全校知道你讲了闽南话被处罚，而我就是那个被处罚的人。我想，好吧，反正我已经被所有人认为是烂人了，那就这样吧！于是我心一横，反而更大声、更用力地讲闽南话。你还能拿我怎样？再给我第二个牌子吗？反正都这么被羞辱了。"

好友的经历听得我胆战心惊，我仿佛看到一个孩子如何从被羞辱，一步一步走向自我放弃，甚至开始与整个世界为敌。

让孩子因为怕被处罚而不去做一件事，固然是个办法，但其实让他学会怎么做才能更好，会更有成效。这样不仅可以维持和孩子的关系，也可以帮助孩子将学习经验转移到未来的生活，譬如书读不下去的时候、戒烟的时候、和伴侣有冲突的时候可以怎么做，也不会适得其反。

让我举个哥哥老是打弟弟的例子，来说明事情怎么做会比较圆满。家长与其对哥哥吼叫"为什么你老是讲不听？你听不懂人话吗？去罚站！"，让孩子自以为是听不懂人话的坏孩子，还不如帮助哥哥了解碰到冲突可以如何解决。

处理这件事的前提是，家长要先明辨是非。如果弟弟老是去侵犯哥哥的领域，就算弟弟只有一岁还不懂事，你也不可以跟哥哥说"弟弟还小不懂事，你要让他"。这只会让哥哥觉得社会不公平，导致心理不平衡。你反而要让弟弟知道，他这样做是不对的。但如果弟弟还太小、听不懂大人的话，你也可以反过来邀请哥哥一起动动脑，想想怎样可以让弟弟碰不到他的东西，好比把东西移到高一点的地方。

有了家长的支持和邀请，孩子未来在碰到困难时，第一时间不是回想起过去如何被不公平对待、怒火中烧，而是会去想解决的办法。

同理不等于同意

但如果整件事并非弟弟的错，而是哥哥生气的反射动作就是打人，这时家长就可以先同理哥哥的生气。但要强调的是，同理不等于同意，所以别害怕同理。

同理他，只是因为换作是你，当你的领域被侵犯时，你也会生气。然而社会的运作并不管谁错在先，而是动手的人就是不对，所以家长可以问他，愿不愿意学习控制打人的冲动。如果正在气头上的他说不想学，那就不要勉强，等他冷静以后有机会再询问他。

要是孩子愿意讨论与学习，你便可以运用正念训练中的"觉察"，问他动手打人前有哪些征兆，譬如看到弟弟动他的东西，他的身体有什么感觉？借此引导孩子觉察自己快要出手前的身体感受。或许孩子会跟你说，要举手打人前胸口会有一股气快要冲出来，也可能是觉得脑门热热的或胃部紧紧的。

接着进一步询问孩子，每当他觉察到这些想打人的前兆时，爸妈可以怎么帮助他不举手打人。他或许会说"跟爸妈说，就不会想打人"，但如果他说不出办法，你也可以主动建议他来找爸妈说，或者回到房间大叫发泄一下。

从社会奖励的方法上，你可以跟哥哥说，"只要一个上午都没有打弟弟，我就给你一张贴纸，当你领到十张贴纸，就有周末去哪儿玩或吃饭的选择权"。如此便能鼓励他愿意为拥有自由选择的权力而努力。不过，我不建议直接给孩子钱或食物当奖励，因为人类对金钱的追求根本上是为了满足各个层次的需求，不要让孩子误以为金钱是最终追求。

从上面的案例也可以了解，为何每次家长来问我怎么解决孩子的问题时，我总是很难一言以蔽之地回答。毕竟要妥善响应孩子的问题不只是为了消灭问题而已，而是得考虑事情的前因后果，帮助自己和孩子进行逻辑思辨，此外，还得考虑孩子能从事件中学到什么，以便未来可以运用。

我在前作《我们，相伴不相绊》的引言中写了一段话："教养子女这条路如同一幅卷轴，你没办法知道最终孩子会变成什么样子。在这个过程中，好多人会给你意见。孩子叛逆时，有人说你太宠孩子了，孩子受不了暴走时，又有人说你管太严了。你不知道自己到底做得对不对，也经常不断地自我责怪。

"身为已经度过青少年风暴的成年子女的母亲，我想告诉你，当你愿意看这本书，你就是好父母了。**你就像一艘航行在大海上的船，孩子给你的挑战有小风小浪，也有大风大浪**。当你拿起这本书，就表示你正尝试着让自己变成一艘更有度量的船，就算风浪大一些，也能够乘风破浪前行。"

随着你愿意不断阅读新知与成长，随着你愿意自省、思辨、学习、犯错、道歉与改变，即使孩子现在有让你头痛的事情，那也只是过程而已。一切都会没事的，你和孩子都会因此变更好。

究竟在生谁的气

暴怒前先冷静想想，分析自己真实的情绪，
勒住舌头、忍住手，才不会"错杀无辜"。

若云的邻居在巷口看到，若云的女儿跟一个男生吵架，还哭得很惨。隔天一早，邻居就急着来按电铃八卦。若云一听整个气炸，当天女儿下班回家，就跟女儿大吵一架，说她眼光差、劝不听，现在被甩活该。女儿一气之下就搬出去住了。

因为女儿离家出走，若云辗转难眠，已经两个星期都没办法阖眼。后来经朋友介绍来找我，因为她听说这个老师（也就是我）是"什么丢脸的事都不会觉得丢脸"的人，所以她可以很放心地来讲这件"丢脸的事"。

若云说："我早就告诉她，那种男人看起来就是很花心、吃软饭的。好啦，现在被人家玩一玩、甩了，真是活该。实在不晓得她为什么要这样作践自己、丢自己的脸，而且才说她两句就离家出走，真的是太不孝了。"

我说："可以感觉到你很生气，毕竟你都跟她说这男人有问题了，她还执迷不悟。"

若云说："但我也知道你一定觉得我怎么那么狠，女儿都已经失恋了还骂她。可是我就是要骂！不骂，她不会醒的！"

我说："其实我很能理解你的心情。我可以跟你分享我自己也差点气炸的经验吗？"

若云惊讶道："老师也会有气炸的时候？"

我说："当然有啊！我儿子小学五年级时参加他老师的婚礼，那天我还在慢慢地走楼梯时，他已经跑到他们班的那一桌，抄起一杯不知是什么东西，咕噜灌下肚。等我发现那是绍兴酒时，已经来不及了。酒精很快上头，我儿子不一会儿就站不住，表现出很不舒服的样子。这时我听到隔壁桌的老师们窃窃私语，说亏我还是个大学老师，怎么会让小孩喝酒，听得我当场气炸了，立刻把儿子架上车。

"回家路上，儿子跟我说：'妈妈，我好难受，整个身体都要烧起来了。'

"我是那种很有同理心的妈妈，若是平常，我一定会出声安慰。可是当时我真的气炸了，如果开口，一定会讲出很难听，而且不能挽回的话，所以我选择默不作声。看到我如此反常，儿子沉默了一下说：'妈妈，你知道我不晓得喝这个东西会让我很难受吗？'我说：'我知道你不晓得喝这个东西会很难受。'然后，儿子问我：'那你为什么这么生气呢？'

"儿子的问题问倒我了。他说得有道理，我为什么要生气呢？可是我当时真的非常生气，所以我告诉他：'请你给妈妈一点时间，我现在还是很生气，等我冷静一点再跟你讨论。'回到家以后，我让儿子上床休息，自己则思索了一下，我为什么会这么生气。

"后来我冷静地想，发现这件事也不全然是坏事。让他痛一次，他以后就不会那么冲动，不会再搞不清楚是什么东西就喝下肚。如此一想，我还有什么好生气？而且老实说，我觉得自己应该气的是被说大学老师怎么把孩子教成这样，又因为我不能去跟那些人理论，所以才迁怒到孩子身上。换句话说，我其实是在生那些笑我的人的气。你觉得你到底在气女儿什么？"

若云说："我气她作践自己，也不听妈妈的话。"

我说："如果今天是你自己听到她在房间里哭，然后小女儿跑来说姐姐失恋了，你还会觉得她作践自己，还会这么生气吗？"

沉默了好久，若云终于开口："那邻居是八卦制造机，她讲话的口气，好像我女儿被人骗色骗身才会哭那么惨，所以我才被气疯了。可是人家是好心告诉我，我又不能对她发脾气。想到女儿不听话搞到自己受伤，想到邻居八卦的嘴脸，再想到邻居去跟别的邻居八卦，表面上可怜我女儿，实际上却是在笑我不会教小孩，我就忍不住愤怒了。"

我说："我了解了。所以你真正生气的是邻居，其实你是很心疼女儿的。"

若云说："但她不听话、作践自己，我也很生气。"

我说:"这样吧,让我们来谈谈人是怎么学会分辨好人还是坏人的?"

若云说:"我知道你要说什么。我很听我爸妈的话,所以我嫁的先生很好。"

我说:"那有没有可能,有些人学习的历程不一样,必须亲自去体验而不是听从指示?"

若云想了想,说:"也是,或许有些人真的就是要自己去摔、自己去痛。只是,你知道……女孩子要是被骗……可能以后会被结婚对象嫌弃……"

我说:"你女儿如果真要嫁这种先生也太可惜了。会去嫌弃一个人的生命经验,这种人的格局也太小了吧?"

若云说:"但想想她真的好可怜,听我邻居说,她哭得好惨。"

我听得出若云的不舍,说:"想打电话给女儿吗?跟她谈谈你今天找我谈话的心得,或许晚上会比较好睡喔!"若云点点头。

人在暴怒时,要先勒住舌头、管住手,冷静一下,想想自己真实的情绪是什么,这样才不会"错杀无辜",也才不会让情绪变成亲情的杀手。

讲他有兴趣的,不是你有兴趣的

有时候我们会生气,是因为我们觉得自己已经说过了,但对方就是不听,以至于不好的事情发生。但你有没有想过,对方为何不听，要如何才能让对方愿意听？来说说我身边的例子。

我的外甥女是名护理师。有一次她问我有没有自己的频道，说医院同事听了出版社帮我做的播客好多次，很想再听新的内容。儿子知道后，马上提出各种经营自媒体的点子，Podcast（播客）、YouTube（油管）、Wordpress（博客）……甚至想到推会员制、课程等，点子像洪水一样汹涌而来，把我给吓死了，拼命抗拒说："我不要啦！我不要啦！很累耶！"儿子拿我没办法，就没再继续说下去。

然后又有一天，在跟儿子聊天时，我跟他说："今天上课时有学员问我：如果去接儿子放学，路上问他学了什么，他不回答，要怎么才能让孩子愿意开口跟我聊天？"

我跟学员说："孩子不回答，是因为这个话题是你有兴趣的，而不是他有兴趣的。要他打开话匣子，得问对问题，譬如今天在学校有什么事好玩？你最喜欢谁？谁让你最生气？再顺着他的话问下个问题，慢慢勾勒出他在学校的一天。"

跟儿子讲完后，我自言自语："嗯，这个内容很适合做播客。"

儿子瞬间好感动，说："妈妈，我讲话你有在听耶！"

我抓抓头说："有啦有啦，我都有在听。但是你的自媒体知识和点子像海水一样多，而我的认知量就像一个小小的杯子那么少，你一下子要全部倒进来，我接不住啊。"

还有一次回娘家，我哥哥一直要帮我在Oculus Quest 2（头戴式VR装置）后面加铁片。他说，头戴式装置太重，长时间戴着脖子被往前拉，久了就会受伤。但我因为嫌丑，死也不肯加，就算我哥锲而不舍地一直念，又拿外国期刊论文里有关VR设备戴太久造成颈椎变形的照片给我看，我还是不理他。

后来我哥干脆直接把他自己那装了铁片、丑得要命的Oculus Quest 2套在我头上。咦！果然前后平衡，很舒服，然后我就跟他讨铁片来装了。

哥哥看我态度大转变，抱怨我一开始都不相信他的话。我告诉他："你讲那么多跟海水一样，但我的认知只有杯子那么大，装不下都溢出来了啦！"

哥哥说："那你现在就甘愿了？"

我说："因为体验过了嘛！体验后就有了意义，有意义我就听得进去，所以愿意试试看。"

哥哥还是很委屈，说："难怪我在外面演讲介绍低糖生酮饮食的好处时，大家都兴致乏乏，一把你低糖前和低糖后、瘦好几公斤的照片摆出来，大家就兴致勃勃了。但低糖跟生酮是为了健康，不光是为了减重啊！"

我耸耸肩说："你就接受吧！毕竟一般人的认知容量，没兴趣时就跟酒杯一样小，有兴趣时才会像海碗一样大。要引起别人的兴趣，你得先让对方觉得这件事对他有意义，之后人家才会听

STEP 2 爱：在舒服的界限下相爱

你说。"

所以如果你问我,为什么别人都不听你说的,我会回答:因为你讲的和他没关系,别人自然不会有兴趣听。**要让对方愿意听你说,你得慢慢来,一次一点点,不要像海水一样一下子全倒出来,先挑对方重视的、有兴趣的事情来讲,他才会愿意听你说。**

在"下坠"的时候接住他

就陪伴他哭、陪伴他失落,不要在情绪的当头要求转念,给他一些挣扎的时间,几次之后孩子就会成长了。

这个周末,我哥又在怼我那强大的小我,明明论文写不过一年在顶级期刊发十多篇的教授,却偏偏还是喜欢硬干,要求自己的论文也得在顶级期刊发表不可,搞得身心俱疲。

其实我哥以前在长庚医院工作时,也被要求写论文,但他只想行医,所以很爽快地直接换到不用写论文的医院,还跑去印度修行半年,再到美国学健身半年才回来继续行医。他怼我说,我的小我太强大,根本没人在乎我文章在哪儿发表,只有我自己死抓不放。

过了几天,一位朋友跟我谈起她女儿,说女儿在好学校的资优班就读,但能力有点跟不上,她跟老公看了很心疼,觉得女儿去普通班或许会更自在、有信心。可是她女儿不死心,用求的,用作弊的,无所不用其极,就是想要留在资优班。

朋友说:"我想不通,这不是显而易见的事情吗?就算是用求的、作弊的方式，也只能短暂地留下来而已，这样搞只是让自己闯祸、没自尊，划算吗？到底要怎么做孩子才肯放手？"

我安慰她说："你已经说了该说的，做了该做的。她需要一些挣扎的时间，哀悼她的失落，才会愿意放手。"

朋友问："为什么孩子非得往一条此路不通的死胡同走呢？"

我说："当人投入大量的感情和注意力在一件事情上时，那件事就变成'我'的一部分，事情成功与否，自然也就和'我'是否成功画上等号。如果这时硬要把事情抽离，就像是把自己的一部分割掉，肯定痛彻心扉，所以我能理解她即使要用手段也不愿意放手的坚持。"

朋友说："说到这儿，我和她爸看她这么执着都好害怕，怕她以后失恋了也那么死心眼的话，岂不是要去跪下求人家，或者做出什么傻事。"

我说："所以啦，现在先让她经历这个过程，也算是好事。这时候你就陪伴她哭、陪伴她失落，让她知道'下坠'的时候有人会接住她。几次以后她自然就会习惯失落，认识到失落也是成长的一部分了。"

讲到这里，我的心里也悸动了一下，于是对我内心的小朋友说："我知道在顶级期刊发论文可以让我们安全上岸，有个安身立命的工作，所以要你放手真的很难。可是我看你抱着这个又烫又重的目标已经很久了，如果你累了想放下也没有关系。我们都准备好了,只要你放手,我们就会接住你。"

每个人的生命阶段都会有那么一件事和自己密切相连,失去它仿佛等于失去全世界。要和那件事告别,的确不容易,好好地去接受自己就是会哭,会失落,会有想干傻事的冲动吧。但千万要记得,这一切都会过去。

放手时,记得把自己接住,好好哭一哭,去吃点好吃的,做一些让自己舒服的事,做一些日常会做的事。而身边的亲友们,看到所爱的人执迷不悟时,别急,你只需要在旁边等着,在他坠落的时候接住他就好。然后接受他哭,陪他去吃好吃的,陪他去做一些他喜欢的事,这样就够了。

记住,孩子的生命里不缺劝他的人,但绝对需要一个能接住他的人。

在被了解后转念

给予孩子足够的哀悼失落的时间后,若有需要再来引导他转念。我有个学生最近因为男朋友入伍心情不好,我在家传讯息安慰她。我想到儿子也当过兵,而且是那种会给大兵日记回信的兵,他对于这类心情应该很有经验,于是我问儿子,以一个过来人的身份,会给因当兵而分隔两地的情侣什么建议。

儿子说:"我会安慰他们说,现在只需要当四个月的兵,我以前得当一年,更早的人还有当两年、三年的。你们现在只要分开四个月而已,已经很幸运了。"

我说:"这样他不会觉得被打击吗?"

儿子说:"人不就是要比较过,才知道自己很幸福吗?"

我说:"是没错,不过我是这样想的,如果你今天在学校被老师骂,回到家我却说,'你那算什么?我们以前都是被老师用藤条打,比起来你已经很幸运了',我想你大概会火冒三丈吧?不过,你说得也对,人都是比较之后才知道自己的幸福。但是到底要怎么说,才不会让人觉得我们在打击他,然后又能因为有了比较而感到自己的幸福呢?"

和儿子讨论了半天后,我想到一个在专业工作上的建议做法,说:"我自己的经验是,幼儿会因为手上的三明治被分成两半而放声大哭。即使你一直跟他讲说,只是分成两半但总量还是一样也没用,他只会更生气,哭得更大声。可如果你懂得他的难过,让他哭一下,哀悼他的失落,他就不会一直执着于他的三明治被分成了两半,一下就会忘记这件事,跑到别的地方去玩了。"

儿子说:"所以就算我很清楚这件事不值得难过,却还是要理解他,不要急着让他也了解?"

我说:"看起来人性是如此。"

儿子不解地问:"难道不能去教一个人看到自己的幸运、知道感恩吗?"

我说:"可以。不过**不能在对方情绪的当头要他转念,转不过来的**。要等他平静,能进入一个省思的状态时再来探问,这么做或许会引发他思考，看到自己的幸运。"

儿子问："那要怎么问？"

我回答："我们可以等对方感到自己已经表达完了，也有被充分了解后，用一种懂得他的痛的方式来问：'分离真是很撕心裂肺的事情啊！不晓得以前那种要当两年、三年兵的人是怎么熬过去的？'"

儿子笑说："哇！妈妈高明。"

当别人正处在难过的情绪中时，就算只是丢了一百元这种你觉得微不足道的事，你也不能对他说："丢个一百元算什么？还有人年纪轻轻就得癌症呢！"你要做的是懂他、接纳他，用他的方式来哀悼失落。

当然，不是说不能说教，更不是怕讲话踩雷就什么都不说，而是教育要在一个对的时机，用一种感同身受的方式，用提问的方式，来引导当事人跳脱自己的观点，看到更宽广的世界。

所谓转念，是人在被了解后，愿意抬起头来看世界而自然发生的。

爱得舒服又有安全感

让孩子自由地出去探索，勇于做自己想做的事，
但当他需要我的时候，我一定都在。

　　我戏称自己是 milo 的工具人，因为它明明是只狗，却像猫一样，叫也不会来，得等到它高兴才会来；你要抱它，它会死命挣扎一番然后跑掉。每次我跟儿子聊天时，它总是把头朝着门外，屁股对着我们，就算我们逗着它喊"milo、milo"，它还是不回头。

　　然而只要碰到打雷啦，放鞭炮啦，它就死命地爬到我肩上挂着，不用伸手扶也不会掉下来，我就变成人形运输工具，扛着一只狗走来走去。暑假时，我在家工作的时间变长了，我才观察到 milo 虽然自由地在家里走来走去，一下子找儿子，一下子找女儿，但从不是无情地只把我们当作工具人而已。

　　我在工作时，它会来我椅子底下，把屁股对着我；我在床边量血糖、搽乳液，它也会待在床尾，把屁股对着我；当我躺在床上追剧，它会坐在我的脚丫上，但还是把屁股对着我。有天清晨，我感觉一个小屁股硬是要塞进来靠在我颈肩，我的下巴得对着它

的狗屁股，我突然好奇：到底为什么 milo 老是用屁股对着我？

想了很久，我才领悟到——啊，狗的身体界限很清楚。它不喜欢人家碰，喜欢有自己的空间和自由。但因为它喜欢待在我的身边，所以才总像个月亮似的绕着我转，这也说明了为何它总是把屁股对着我。

像 milo 与我们这样需要界限舒服的爱，存在于每一段关系中。

如果小孩一直被人抱着，他就很难跟外界互动，所以他想要探索，想要自由，想要挣脱。这不代表他不爱你，他只是需要自己的空间和时间，去探索新世界，他想要变成自己喜欢的样子而已。

伴侣也是一样。到哪儿都黏在一起，对有些人来说是很烦的。有的人就是想要探索，想要自由，可是这不代表他不爱你，他只是需要自己的空间和时间去探索世界，变成他自己喜欢的样子而已。

然而一段健康的关系，除了要有界限外，还需要依附理论所说的"有安全感的爱"。

好比刚出生的婴儿是无助的，他需要安全的关系来支持成长。但随着能力的增加，他对外面的世界越发好奇，只是尚缺足够的安全感，所以他会一边去探索，一边回头看你在不在。这时要是常常看不到你，有些孩子就不太敢再放手去探索，反过来会一直黏着你，免得你跑掉；有些孩子会生你的气，气你跑掉，于是又哭又闹却又不给抱；还有些孩子觉得反正你都会跑掉，所以干脆就不期待你了。

但如果孩子回头看,你每次都在,不会因为他不听话就收回你的爱,转身离开不要他,那么他就会很放心地去冒险,他的能力也就会逐渐茁壮发展。他不会因为你常常不见感到不安全,进而把注意力都放在你身上,不出去探索成长;他不会怕因为有自己的意见,你就不要他,所以勇于做自己想要做的事。

回过头来想,milo、孩子和我之间的关系,大概就是这样。**他们可以自由地出去探索,但当他们需要我的时候,我一定都在。我也可以自由地出去探索,但当我需要他们的时候,他们也一定在。我们不会黏在一起,也不要求彼此做一样的事。**

就像我儿子花很多的时间钻研音乐,却赚很少的钱,我和女儿过着和他很不一样的生活,但我们从不干涉他。我和我女儿一天到晚怪力乱神,讲一些儿子很讨厌的、有关宇宙能量之类的观点,但他也从不干涉我们。

这种既有界限又让人有安全感的爱,让人能够呼吸,不会窒息,彼此可以不一样,可以用自己舒服的方式成长,很自然地,就会喜欢待在这段关系里。

爱,不一定要时刻黏在一起

怎样才叫有空间又有安全感的距离?想到先前新冠疫情严峻时,那些被通知要隔离的妈妈一定很无助,一定很担心孩子该怎么办,家事要怎么办。

我自己曾在非典期间被隔离过一周，当时是待在东吴大学对面、前夫家的顶楼小木屋里。那时儿子小学三年级，女儿小学一年级，每天放学他们都会先爬到顶楼阳台，边哭边对着在远处的我挥手。即便已经过了那么久，和女儿谈起这件事时，她还是历历在目，完全没有忘记。

这次疫情严重的期间，我大都待在家里准备新课程，其中一章讲的就是依附理论。里头讲到，能与越多人建立安全的依附关系，孩子就越有安全感。而根据我的实际经验确实也是如此。

回到刚才提到的非典期间。那时我还在新竹的大学教书，考虑台北到新竹的交通费，前夫便接手成为孩子主要的照顾者，因此孩子们也有足够的时间和爸爸建立安全的依附关系。好在有先培养出这层关系，不然当我被迫要隔离的时候，万一孩子和爸爸"不熟"，一直哭着要找妈妈就糟了。

不过大部分做妈妈的人，总是不放心把孩子丢给丈夫或其他人。但要是平常就让孩子和其他人有好的适应性与安全感，在碰到像是疫情等被迫必须和孩子分开的时候，才能安心地把他们交给丈夫或信任的亲友。所以培养孩子与他人的关系，不仅要够平常，而且时间要够长。

所以，不要一天二十四小时、一年三百六十五天都把孩子"揽牢牢"，去做 SPA、去做脸或去喝下午茶都好，一周放手几个小时，这样一举数得，对你好，对小孩好，对大家都好。

> 孩子需要自己的空间和时间,
> 但也需要妈妈无时无刻的爱。
> 身为妈妈,要明白时刻黏在一起不代表爱,
> 偶尔的小小分离,
> 反而更期待在一起的每分每秒。

兔包的崩溃日记
背叛的意思
妈妈，"背叛"是什么意思？
背叛啊……
背叛的意思就是……
我今天说好跟肉包组队，
但我在你不知道的情况下又去跟菜包组队……
这种行为就叫作背叛，
为什么不想跟我一队？
我也想跟妈妈一队啊！！
啊……等一下，我打个比喻而已。
你们那么认真干吗？

STEP 3 驭

不教而教的幕后推手

规范自己不干涉，与孩子佛系相处，
如果他不听你的话，你就让他失败吧，
这样他才能从错误中找到学习的动力，
倾全力了解自己，朝自己的目标迈进。

厘清议题的责任归属

即使是一家人，也会有"这是谁的事"的问题，
如果责任在自己，得注意措辞，
如果责任在孩子，就让他学习去承担后果。

演讲的空档，有位听众妈妈提问："你说要放手，是真的不能管孩子吗？我和我女儿的情况是，只要一管她，她就威胁我要去跳楼，我害怕她真去跳就一直拉着她，于是天天上演我给她建议，她就要跳楼的戏码，搞得我好气，气到失眠。"

我好奇地问："可以说一件最近你管她，她威胁你要跳楼的例子吗？"

听众妈妈说："最近的一次，是我煮好饭叫她吃。她说等一下。我说等一下菜就黄掉了，坏掉了，烂掉了，后来言语就一来一往，她就又作势要去跳楼。"

我说："我了解了。你觉得为什么女儿会说要跳下去？"

听众妈妈说："或许她觉得这是可以阻止我念叨她的方法。"

我点点头又问："那有没有可能，女儿喜欢做事告一段落才吃

东西？"

听众妈妈坚持："可是那菜就黄掉、坏掉、烂掉了啊！"

我说："这样的确比较不好吃。但你可以让她试试看，去吃黄掉、坏掉、烂掉的菜，或许以后不用催她，她自己就会来吃了。"

听众妈妈说："不会。她一定会觉得没关系。"

我说："那如果她觉得没关系，为何非得马上来吃？"

听众妈妈说："可是不马上吃，菜就黄掉、坏掉、烂掉了啊！"

我说："就让她吃黄掉、坏掉、烂掉的菜喽。你觉得逼她立刻吃，然后她说要去跳楼，跟让她吃黄掉的菜，哪一个比较划算？"

听众妈妈又说："所以你的意思是管都不能管，做父母的，只能忍耐小孩子的任性吗？"

我顿时想起早上要出门前，看到家门口一堆鞋子，然后我留言给孩子，请他们把鞋子收好的例子，于是把跟孩子的对话拿给听众妈妈看，告诉她："我还是有管的。因为我的孩子都在家工作，家里进进出出的人很多，常搞得家门口一堆鞋。今天早上我又看到门口有一堆鞋，就传了讯息要他们把鞋子收好，你可以看看我是怎么要求他们的。"

以下是我写给孩子的讯息。

我："各位小朋友，请把门口淹没的鞋鞋收起来，这样气场比较舒服。"

儿子:"好的!我等等去收一下我的鞋。"

我:"谢谢大家。如果原因是鞋柜空间不够,我会把平常没在穿的鞋子收起来。"

女儿:"嗯嗯,好的,我等一下去收。"

听众妈妈看了我们的对话,说:"你的孩子好乖。"

我说:"的确,我的孩子很乖。但我也很注意要怎么措辞,才不会引起他们的不舒服。举个例子,如果我只是说:'请把门口淹没的鞋鞋收起来',前面没有加上'各位小朋友'这类较为幽默的口吻,和结尾告知'这样气场比较舒服'等比较温和的原因时,你想,如果是你的孩子,她会怎么说?"

听众妈妈说"她会说那是我有洁癖,要我自己去收,或是吐槽,我自己鞋子那么多,才让她没地方放。"

我说:"的确,把门口的鞋收进鞋柜是我的需要,不是他们的需要。因此,我除了告诉他们为什么我需要他们收鞋子外,也感谢他们为了我的洁癖而收。当然,我也有让他们知道,为了把这件事做好,我愿意做的调整。"

听众妈妈说:"可是把鞋子收到鞋柜是大家的事吧?为什么说是你的需要?"

我说:"如果我们曾经开会讨论,共同决定要把鞋子收到鞋柜里,或因大楼管委会规定'鞋子不可以放门外',这样才是大家的共识跟需要。但如果前提是这样,我的措辞就会是'各位小朋友们，咱们把鞋子收到鞋柜吧！'但情况并非如此，所以我就得这样说'麻烦大家，也感谢大家的配合。'"

听众妈妈说："都是一家人，为什么要这么麻烦？"

我说："即使是家人，还是会有这个'到底是谁的事'的念头。所以为了避免冲突，我会依照父母效能训练或阿德勒议题分离所说的，先去分辨这是我的议题、你的议题还是大家的议题，再来决定要如何措辞。现在回到你的情况：你煮好饭叫女儿来吃，她没马上来，所以她吃到黄掉、坏掉、烂掉了的菜，会是谁要承担后果？"

听众妈妈说："她自己要承担后果。"

我说："如果是她要承担后果，而她也愿意承担后果，依照议题分离理论，你也不用多说什么。"

听众妈妈问："难道就让她吃不营养的菜？"

我说："有一天你终究要离开她，再也管不到她。何况只是晚一两个小时吃，菜就真的会黄掉、坏掉、烂掉吗？就算会，她也可以从不好的饮食经验中成长，不管怎样都好过现在她威胁你去跳楼，让你气到失眠来得好吧？"

我家当然也会有让我头痛，需要解决的事情。但为了让家人心情清爽，愿意彼此帮忙，我会先去厘清整个事件的议题归属，是我的、对方的、还是大家的，再依照不同的归属，决定措辞与处理方式。像是把鞋收到鞋柜，是我需要大家帮忙，我就得说服大家。另外，我也一定愿意为这件事付出努力或做出改变，让被要求的一方听了心里比较平衡，就不会觉得要求的人只出一张嘴了。

化身教于无形

无须刻意规划、安排，
通过简单的日常互动，孩子耳濡目染，看着看着自然就会了。

....

前一阵子，我跟二十几年前在蒙特利尔法文班的同学 Paul 和 Rebecca 重新联络上。听到他们夫妻俩在我们分别后的人生经历，开店、展店、陷入金融风暴、被政府征收又重新开店的种种故事，我的心情也如同坐云霄飞车般跟着起起伏伏。

我问 Rebecca，开餐厅这么忙，如何兼顾孩子，她说，她家孩子挺自觉的。我又好奇地问："如何让孩子自觉？"

她回答说："比如接孩子回到家后，我说：'你去写功课吧，我去煮饭。'如果孩子不肯，说他刚放学好累要看电视，那我也会说：'好吧，我也很累。'就跟着一起坐下看电视。看了一阵子电视，孩子忽然意识到我没煮饭，问我：'你怎么不去煮饭？'我说：'可我好累。'然后孩子说：'我肚子饿了！'我就告诉他：'好，那我去做我的工作，你也去做你的工作。'从此以后他就很自觉了，回家会先去写作业，我也会先去煮饭。很公平。"

冰雪聪明的 Rebecca 通过"不做"，来让孩子习得不做的后果。这让我想起电视剧《阿信》，家道中落的少爷龙三赖在地板上躺着，不肯出去工作。吃苦耐劳的妻子阿信三催四请请不动，最后干脆也一起躺下来不工作。平常总是承担的阿信，这次不玩为了家人要忍耐的那套，最后龙三无人可赖，只能起身出去工作。

Rebecca 和阿信都发现了"用讲的没用"后，就不再重复无效的策略，而是冷静地选择了"不做"，让家人体会到自己也要动起来才行。

要是不动之后，还是有人提供所需，怎么会有动力想动呢？要是不去上学、工作、做家事，整天窝着打电动，都还是有饭吃、衣服有人洗，又怎么会有动力离开游戏机去做该做的事呢？

有时候我们总是会担心被别人说狠心，怎么不多担待些或是怎么能让家人饿着，但如果狠心不做能激发家人动起来，我们也不需要对那些七大妈八大爷的嘴负责了。所以，为了自己和家人长久的幸福，该坚持啥都不做的时候就不做，就算一时被千夫所指都无所谓，让我们一起帮助家人动起来吧！

邀请孩子参与你的生活

用身教来教孩子很重要，但是如果孩子不看也不听时，还能怎么教呢？

那天收到劳动部门"劳动力发展署"云嘉南分署青年职业生

涯发展中心寄来的要我签名的书。我把所有的书都签完后，请女儿一起打包装箱。当我们再次检查要寄回的书时，我跟女儿说："发展中心的同人留言说，因为担心下雨淋湿书，只好把书包上塑料套，但又担心会造成我得一包一包拆封的困扰，所以对我表示歉意，他们真的好贴心喔！"

女儿说："真的好贴心。要是书淋湿了，无论是谁收到，手感都会不舒服。"

拿起宅急便的托运单，我又说："你看，他们还附上了已付款的托运单，也填写好了数据，我只要拿去超商寄就可以，实在好贴心。"

女儿说："原来还有这种方式。真是好主意。"

我说："那我也来写几个字，谢谢他们的贴心。"

于是我在卡片上写下：谢谢你们的贴心，我觉得好暖心。我转身去房间拿了原本装中药的塑料袋，把托运单放进里面，再用无痕胶带贴在纸箱上，请女儿有空时帮我拿去寄。

女儿称赞我："你的环保行动力真强，会回收再利用那些中药塑料袋。"

其实这回跟女儿的互动不过几分钟，却已达成许多身教的效果。首先是邀请孩子协助。协助长辈会让孩子有成就感，也因经验愉快，能联结助人与快乐间的神经路径，往后或许不需要特意开口教，就足以让她喜欢助人了。

再者，过程中也让孩子知道父母生活的样貌，除了对父母有更多的了解外，也能扩展孩子对世界的认知。毕竟有时候孩子不知感恩父母的辛劳，是因为他根本不清楚你在做什么。所以好比通过邀请女儿一起来把书封箱的行动，就可以让女儿知道，我静静地坐在那里写东西，虽然看似没什么，但其实是有成果的，她也能知道我的时间与精力放在哪儿，对我会有更多的了解，也会更贴心。

甚至借着装箱的时间，我还能和女儿聊这次活动的缘起。我告诉她，云嘉南地区范围辽阔，无论在哪里办活动，都难免会有民众因路途遥远无法参加。然而新冠疫情打破了惯性，很多人慢慢习惯在线上课，参与活动的人变多了。

谈话中，女儿就可以学到，云林、嘉义、台南被分在一区，也可以学到其他单位如何克服困难，在疫情之下仍然可以达成业务目标。

此外，青职发展中心的同人用塑料袋包装书避免淋湿，也让女儿知道，未来在工作上有类似的需求时，可以复制这样的贴心。一个人若是工作细心，在工作岗位上就会有好名声，未来想要转职也会更加顺利。

而且我能够观察并赞赏他人的优点，像是写卡片感谢他们的贴心这件事，也会对女儿在人际关系上有所启发。因为看久了、听久了，她就不会有"这不是常识吗？有什么好称赞的？"的想法，所以即便是一个小小的优点——中药袋回收再利用，她都能够自然地开口称赞，不会给人刻意、拍马屁的感觉。

只要每天通过几分钟的互动来传达身教，你根本不需要特意教他什么，孩子看着看着自然就会了。

别冲动，驭子如下棋

当孩子愤怒时，
得先让他的情绪有个出口，之后脑中的理性才有可能苏醒过来。

　　趋吉避凶是人的本能，遇到事情时不是战斗就是逃跑，譬如发生火灾了快跑、有人入侵了快赶走他。但是对孩子这个复杂的有机体，你得多点思考。有一次我去朋友家，刚好看到他读初中的儿子气呼呼地进门，一问之下才知道原来篮球场被抢了。

　　朋友的儿子说："因为他们是一群人就要我让，然后我就傻傻地让了。但为什么我要让？我要打电话给同学，叫他叫人去堵他们。真的超气的！"

　　朋友立刻很紧张地说："千万不要啊！"

　　我说："那也太霸道了吧？人多势众就可以欺负人吗？"

　　听到我说的话，朋友双眼瞪着我好似快喷火，我猜她心里一定在骂："你是在火上浇油吗？"

　　朋友儿子听到我的响应，接着说："对啊，真的太嚣张了。"

　　我说："这一定要处理的。你要不要讲一下当时的状况？"

朋友的儿子说:"他们来了五个人,不晓得是高中生还是大学生。那时我一个人在球场练球,然后他们说等一下还要去赶另外一堆事情,就问我可不可以把球场让给他们。"

我问:"他们有说了什么,让你觉得不让他们不行吗?"

朋友的儿子回答:"没有。就是刚刚说的那样,他们只说等一下还要去赶另外一堆事情。"

我说:"所以他们没有说什么威胁你的话?"

朋友的儿子回答:"没有。可是他们的气势摆明了就是在逼人啊。"

我告诉他:"对啊,他们人这么多,身材又那么高大,如果是我,我也会觉得是在威胁,只好让了。"

朋友的儿子无奈地说:"对啊。"

我说:"我能够理解你想要找人讨公道的想法,不过阿姨觉得你的胜算不大,而且搞到最后可能连你的朋友都会生你的气。"

朋友的儿子不解:"为什么?"

我回答:"让我们假设一下,万一到最后事情闹大,双方打起来,还闹到警察局。然后警察来问案,才发现人家根本没有威胁你,是你自己说好要让的。那你朋友知道来龙去脉后,可能会很不开心,毕竟闹到警察局,得爸妈来才能带他们回去。"

朋友的儿子说:"他们绝对不会怪我的。"

我说:"这只是我的经验啦,你就参考看看喽。"

接着朋友的儿子进了房间，开始打电话给他的朋友。

我的朋友看了非常紧张，问我："你觉得现在要怎么办？"

我说："再观察看看。最糟的状况就是我们也跟出去，我想有我们在，他们不至于打得太严重。"

与此同时，朋友的儿子一直在房间里讲电话。后来我和朋友一边吃饭一边紧张地聊，许久，都不见朋友的儿子走出房门。

看到这样的情况，我对朋友说："都过一小时了，我想你儿子不会行动了。"

朋友这才松一口气，放心地说："你刚那是险招啊！居然都不挡他。"

我说："他体形那么大，真要冲出去我们挡得了吗？我们只能先同理，让他愤怒的情绪有出口，之后才有机会让他理性的脑袋动起来。"

朋友问："你一开始是不是也没把握？还说万一他出门，我们就跟去。"

我回说："我的确没把握。但**跟孩子相处就像在下围棋一样，你得预先想好下几步，绝对不能冲动，只想用拦、用挡的。**"

人其实是复杂的，会有自己的思想、自己的情感，不是一个人想阻挡就可以阻挡的。就像朋友的小孩要叫人去篮球场讨公道这件事一样，**希望一个人能依理性而为前，家长们务必先倾听与同理，勒住舌头，不轻易下判断，别指责，等待对方一时的情绪过去，理智的脑袋才有可能动起来。**

规定要少，执行要严

原则很简单，
达到规定才能到下一关，未达规定一律"退件"。

每回到了暑假，看到朋友们和孩子奋战得焦头烂额，就感到百般不舍。想起过去在国外读书时，每次暑假都是砸下重金，让儿子女儿参加夏令营，我才有时间写论文。然而有一年，两个孩子很认真地找我开会，表达他们想要一个在家里滚来滚去的暑假，不想再去参加夏令营。

那时我很犹豫，因为我得读书写论文，如果又要安排他们在家的活动，实在觉得有点害怕，但看到他们对自由的渴望，我也只好答应。又想到他们在学期中所学到的知识，都还没有机会拿来实践，如果一直摆着不运用，过一阵子也会忘记，先前的努力也就会白费。所以我对于他们选择使用旧知识，而不去学更多的新东西很能接受，也不会觉得他们真的就是在家耍废。

原则上我还真的不太管他们，就像幼儿园小朋友在学习区那样。当时我家有三层楼，即使他们上下楼跑来跑去，乒乒乓乓把玩具全倒出来，把被单全拉出来我也不管。只是，虽然我很少有什么规定，但一旦有规定，那就清清楚楚。要是东西玩完之后耍赖不收，我也不会跟他们你来我往地讨价还价，反正有收好才可以到下一关(譬如吃点心或出去玩)；没收好，我就读我的书，你收好再来叫我，唯有检查通过才可以到下一关。

会如此讲求严格执行，可能和我以前当过行政人员有关，反正你资料没备齐，我就是没办法帮你办。当然，我也不会跟缺件的人大吼大叫，因为就算喊破喉咙，缺的文件也不会生出来。

所以往后遇到假期，也建议爸妈们试试，那种规定少少但是一定要严格执行的做法，相信我，这样比念叨更有用一百倍。

罚到痛处才有用

严格执行规定比念叨有用，就算要处罚，也要罚在痛处才有效果。

好比前一阵子我女儿发展了新"习惯"，牙膏用完不盖上。我提醒她要盖上，她说好。但几天下来我发现牙膏盖子还是没有盖上，于是又提醒她一次，然后她又说好。这时根据我的经验，我知道再提醒下去迟早会动气。所以为了避免这种状况发生，我对她说："这样吧，事不过三，如果下次再没盖上就开罚，好吗？"

女儿说："好。"

我说："那罚五十元。"

女儿平静地说："好。"

我又说："真的会罚喔。"

女儿笑了笑，说："但我老实说，罚钱我是不会在意的。我只在意吃。"

这提醒了我，罚钱根本不会对她有警惕作用。如果她在意的是吃，是不是应该要剥夺她吃的权利？但不让她吃违反人权，况且她身边有那么多人在帮忙喂食，也没办法真的执行。快想！快想！她的罩门是什么？然后灵光一闪，啊，我想到了！

于是我跟女儿说，如果她再不把牙膏盖上，那下回我要出国时，就不帮她预先做好低糖便当了。对，低糖便当就是她的罩门！

我说："不帮你做低糖便当的话，到时候你只能吃外面的饭，肥死你。"

果然女儿慌张起来："太残忍了！你没有给我改进的机会！"

果然！罩门 confirmed（确认）。

我说："那归零重新计算，要是再警告三次就开始。"

女儿仍不死心继续讨价还价："那是永远不帮我做吗？永远吗？不能补救吗？"听她声音超紧张，哈哈！真的是罩门。

我说："好吧！那就罚一周不做你的便当。"

"唉！"女儿沮丧地说，"要做到真的很难嘛！"

我说："所以说，要罚就要罚到痛处啊！"

然后我像巫婆似的仰头朝天，哇哈哈哈邪恶大笑。

> 定下规矩就要严格执行,
> 罚在痛处才有效果,
> 那加倍奉还也不为过吧!

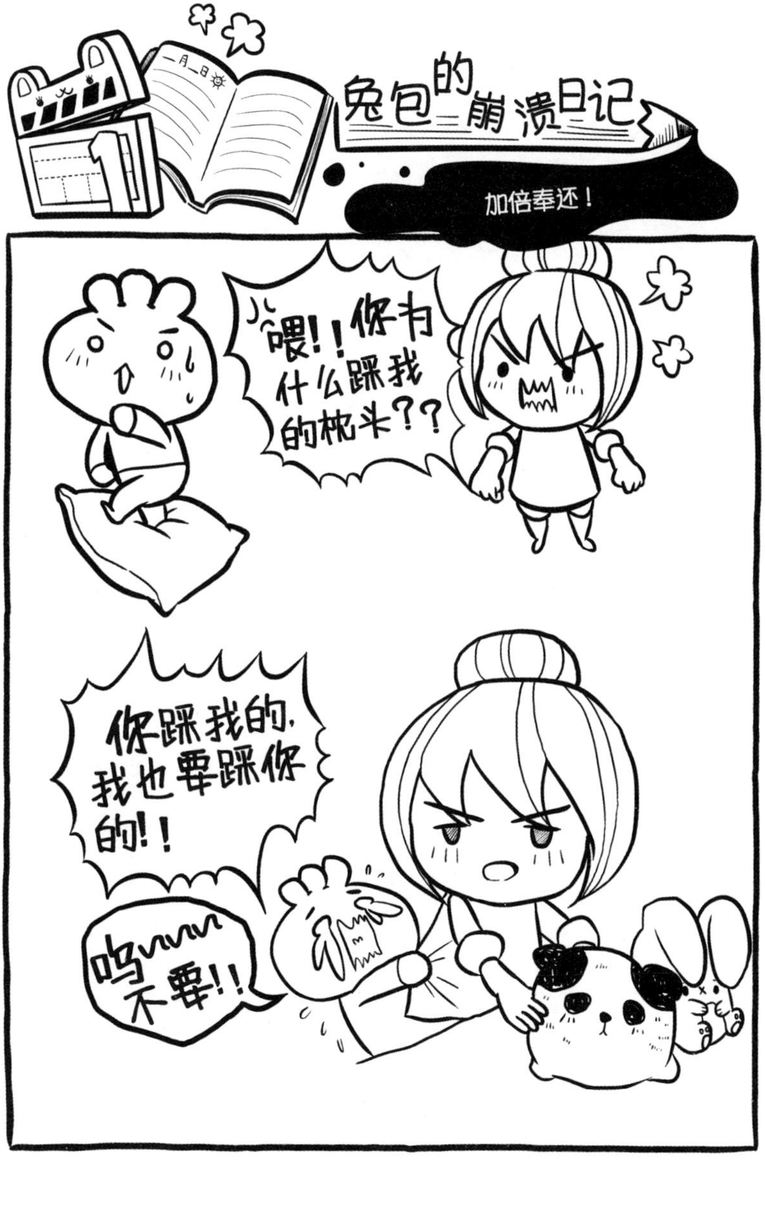
兔包的崩溃日记
加倍奉还！
喂!!你为什么踩我的枕头??
你踩我的,我也要踩你的!!
呜 不要!!

当个 CEO 般的老妈

拿出气势、恩威并施，
让孩子有信心可以继续相信你、仰赖你，尊敬你为一家之主。

前一阵子，朋友女儿瞒着家人偷偷和网友见面。幸好学校老师觉察有异，赶紧通知家长，大队人马展开一场追逐，很快找到了人。果不其然，这个网友并非善类，有诱拐、拍摄影像威胁少女的前科。事后朋友与老公对女儿的判断失去信心，尤其看到她仍不断用社交软件与人聊天时，更如惊弓之鸟，怀疑女儿根本没有学到教训。

在跟朋友的谈话中，朋友也提到女儿在得知之前那些被拍照威胁的女孩的遭遇时，一度默不作声，后来还发现她连续很多天都吓得睡不着，便带她去身心科就诊，希望她能睡好一点。

我跟朋友说："听起来你女儿确实知道差点羊入虎口，才会瑟瑟发抖睡不着，不像你说的没学到教训。为什么你会这么认为呢？"

朋友说："因为当我告诉她，以后不要再跟网友见面时，她马上反问：'为什么？身体是我自己的，为什么我不能决定要跟谁见面？'你说，这样算是有学到教训吗？如果是，那我真不懂要怎么教青少年了。"

我告诉她："青春期是很奇妙的一个阶段，既像大人又像小孩，表面上看似长大了，却又没有独立自主的完整能力。想要家长肯定他、给他自由，但又仰赖家长的喂养与照顾，两股力量来回拉扯。这也能解释为何你女儿知道真相会瑟瑟发抖，却又嘴硬为什么不能拥有自由、不能自己决定。"

朋友担心地说："所以只能来硬的吗？但来硬的，她一样会反抗。还是尊重她、不管她？可是不管她，也不晓得这回她又和谁在社交软件上聊天。"

我说："有恩才有威。你还是可以让她拥有手机，但要告诉她，虽然每个人都拥有身体自主权，不过在还没有成年之前，父母还是有法律责任得保护她，也可以告诉她，这件事起因于手机社交软件的不当使用，在证明她能够辨别危险之前，你必须要把手机收起来，直到她可以说明自己从中学到了什么教训才能拿回去。如此也可以解决，你不确定她有没有学到教训的问题。"

朋友苦笑说："她一定不会说学到什么，嘴那么硬，一定会反问我。"

我说："这就要让孩子知道你不是在为难她，只是要确信把手机还她是一个对的决定而已，也希望她学会用道理来说服他人，而不是用反问的。"

妈妈说："但她一定不会……"

我笑说："哎哟，你得先有气势。先试试看这方法行不行，若是真的不行我们再来讨论，不要自己一开始就没了底气。"

青少年是小孩转大人、在依赖与独立自主间反复挣扎的阶段。家长这时要有当 CEO 的气势，让孩子有信心可以继续相信你、仰赖你，尊敬你为一家之主。同时也要学会，想在社会存活下去要赖是没有用的，得付出，得表现，得说服对方才行。

"

小孩越长越大,会在依赖和独立之间反复挣扎;

身为妈妈,也是在骂人和不骂之间来回煎熬。

不如学会 CEO 般的驭子术,

或许我们都能更和平共处一些。

"

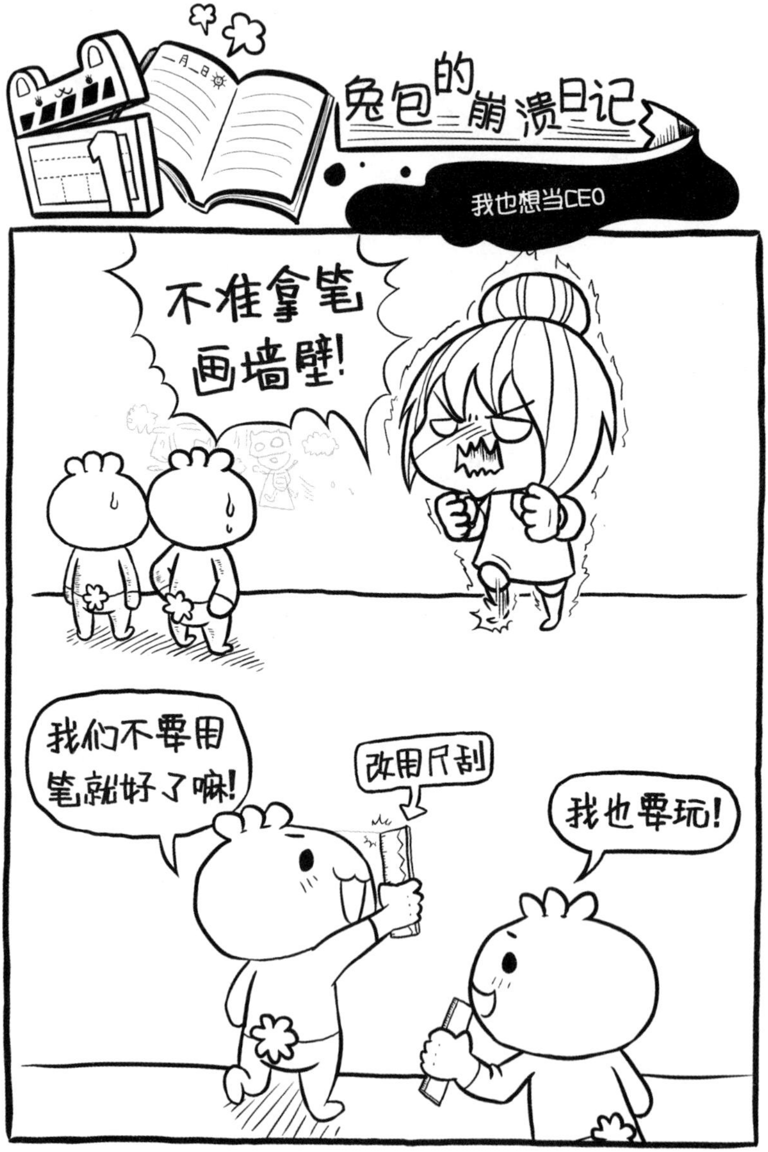
兔包的崩溃日记
我也想当CEO
不准拿笔画墙壁!
我们不要用笔就好了嘛!
改用尺刮
我也要玩!

有意义才有学习动力

希望孩子能独立自主,要做的第一件事,
就是放手让他尝试,忍心让他去摔、去痛。

仲仪是我的学生,她有个困扰,就是"自己是老师,却叫不动儿子学英文"。

我安慰她说:"我儿子、女儿小时候在魁北克住过三年,当时无论是看漫画、讲秘密都是用法文。回台湾后,我为了维持他们的法语能力,想尽办法帮他们找法文老师,还安排兄妹俩和法国小朋友一起玩,能做的我都做了,但他们不学就是不学。"

仲仪惊讶地说:"老师讲的状况,完全超乎我的想象。说到学英语,我脑袋里只想到要怎么让儿子乖乖把英语作业写完,像是请老师坐在他旁边看着他写,写完才能走,或是规定在一定时间内要写完,否则就失去当天打电动的权利。而且我以为,如果已经会某国的语言,就会有动力继续学习下去,却没想到即使老师的小孩已经会法文了,即使老师不像我一样硬性要求,而是通过有趣互动让他们产生学习的动力,也还是没有用。"

我说："是啊，真的没用。"

仲仪露出绝望的表情说："那要怎么让孩子愿意学习呢？能用的方法我们都用了啊！"

我笑说："这点我倒挺想得开的。反正有需要的时候，他们自然就会去学了。"

仲仪说："又是老子哲学吗？"

我说："水到渠成。既然当下他们没有觉得好玩或觉得有意义，没有产生学习的动力，那就表示一定有其他事更吸引他们，才会想要投注精力、时间与感情在那件事情上。"

仲仪问："所以老师的意思是，如果有意义就会让他愿意走下去？"

我说："是啊！刚好上周我去进修如何帮助大学生职业生涯发展的课程，课堂上李宜芳老师放某乐团成员在大四时的访问片段。当时被问到对台湾教育的看法时，曾表示出对台湾教育的不信任。我记得他在影片中说，觉得台湾的教育没有把学生变善良。

"后来好像又过了两年吧，拍片的人继续追踪访问，而成员也计划性地延毕，正准备要发第一张专辑。然而这次在影片中，他却说，政大把他教得很好，让他变得会思考、会写企划，也让他争取到经费。看完影片后，李宜芳老师就问在座的老师们如何看待这两段访谈？教经系的林曜圣教授就说，因为有'运用'，让所学的知识变得有意义。所以，响应你的问题，是的，**有意义会让人愿意学下去**。"

输了又如何

仲仪又问："可是，孩子怎么可能会先因为有用、觉得有意义，于是愿意去学？一定是先学会了再去用啊，不然脑袋空空要怎么出去用？"

我说："其实台湾的幼儿教育就是这样。你看幼儿园的小朋友好像都在玩，但老师们都有观察他们在生活中对什么有兴趣，然后再用他们有兴趣的事，去延伸到学习语文、数学、自然等知识上。譬如某个小朋友讲到他假日搭火车去花莲玩，引发大家对火车的兴趣，所以老师趁这机会带大家认识、动手做火车站等。而小朋友在动手建火车站的过程中，学会了比例、知道卖东西的地方设在哪儿最好之类的知识，这就是因为有意义而学习的例子。只是到了小学、中学以后就比较不是这样了，所以孩子才会觉得学习没意义。"

仲仪说："难怪我爸也都不学习了。"

我好奇地问："怎么忽然联想到这件事？"

仲仪回答："我爸自从退休后就宅在家，哪里都不去。就算我妈揪他去唱歌、看画展，他也觉得没兴趣。我在想是不是因为他觉得做这些事没有意义。"

我说："很有可能喔。如果你爸爸一生的目标，都在为了活下去或是养活你们,现在你们都独立了,他也退休了,而生活也无虞,那他确实有可能失去做任何事的动力。那种不为什么而做,或只是为了有趣而做的概念,并不存在于他的脑袋里。"

仲仪说:"老师你这样讲好恐怖喔!因为我就是会跟儿子说,现在不学英文,以后就会没有工作的这种人。我似乎复制了上一代学习是为了活下去的信念。对我而言,只是为了好玩的学习很浪费时间,读研究所、学英文,都是为了有竞争力,从来没有为了好玩而去学习的成分在里面。虽然老师讲得很有道理,但我还是放不下孩子不学英文这件事,这又该怎么办呢?"

我说:"这就要检视,你坚持要孩子学英文背后的信念了。"

仲仪说:"因为这样才能在要用的时候有得用啊!"

我说:"那如果要用的时候再去学呢?"

仲仪说:"那就比人家慢很多了。"

我问:"慢很多会怎样呢?"

仲仪回答:"就输了啊!"

我说:"输了会怎样呢?"

仲仪说:"输了会难过啊!"

我说:"谁难过?"

仲仪说:"我看了难过,孩子也会难过。"

我说:"如果孩子难过,那不就会有动力去学习了吗?而且还会学得更快。我看过好多父母因为孩子半夜打电动不睡觉,转天上课爬不起来气得要死。他们问孩子为什么不好好读书，孩子说没有兴趣。对我而言，这种事情的解决方法就是让孩子休学去工作。工作以后，各种学习动力就会跑出来，就算是为了付房租、网络费、买食物，也都是动力。可惜很多父母太害怕孩子比人家晚毕业，怕被人说三道四，怎样也没办法壮士断腕，让孩子自己出去走一遭，自己去生出动力来，于是陷入无解的恶性循环中。"

仲仪说："我就是太害怕孩子不会英文，和人家不一样。"

我说："那这样吧，既然你逼也逼了，不妨现在先停下来，看看你儿子目前觉得有意义的事情是什么。好好地看，不要用他'应该'是什么样子的前提来看，而是要发现他真的觉得有意义的事是什么。"

仲仪回答："那就是画画啊。哎哟，老师，但画画又不能赚钱。"

我说："你怎么知道如果他好好地画，未来不会成为土木工程师、室内设计师或产品包装设计师呢？"

仲仪说："他没有那个天分啦！只是有兴趣而已。我看得出来。"

我说："就讲刚刚那个乐团成员的访问，他也提到在投入音乐后，了解到自己在音乐上不是那么有天分，后来投入影片拍摄，发现自己在拍片上一样没有太多天分，但他知道如何去结合二者，也懂得运用人脉。如果我们常因眼光受限，只会从当下的状况去推论未来，没办法去想象其他可能性，很有可能反而阻止了孩子的发展。"

看远一点，你的孩子会因为进了一扇门，然后看到另一扇门。我们的人生就在开启一扇一扇门的过程中，有了无限的可能。

孩子是独立的个体，你觉得有意义的事，他不见得也觉得有意义；你觉得有意义的事，也有可能会限制了他的发展，斩断了各种未来的可能性。做父母的不就是希望孩子有朝一日能独立自主吗？想让他们独立自主，要做的第一件事，就是放手让他尝试，忍心让他去摔、去痛，这样他就长出力量与发现意义了。

所以，就让他不听你的话，就让他输吧！这样他才有机会找到动力，成为一个自动自发，而不是你硬推，还不情愿动的人。

> 妈妈和孩子想的永远不一样,
> 就把孩子们当作独立个体,
> 让他们体验自己的人生。
> 好哇好哇,就让他们继续无脑吧!

兔包的崩溃日记

节目的选择

妈妈希望孩子看的节目：

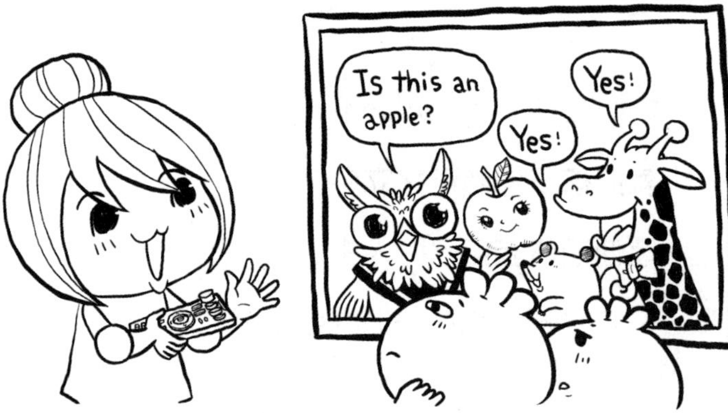

孩子自己选的节目，通常"笑点"都让人无法理解……

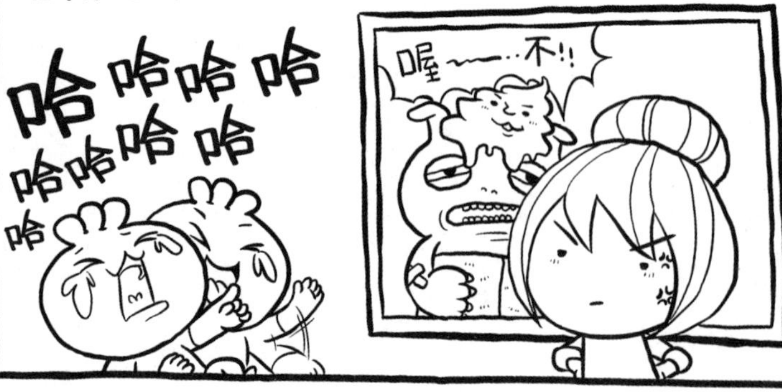

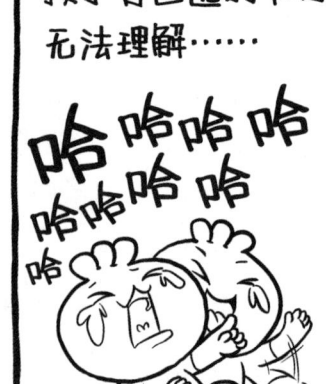

不必栽培小孩，只要栽培自己

单方面要求孩子满足你的期待，
只会错过他们倾听自己声音的机会。

家族里有个孩子正在申请学校，过程中难免有着各种的状况与担心。女儿告诉他："不顺利也没关系啊，人生的路那么多条，这条不通，走别条就好了。"

才刚讲完，女儿就自言自语说："奇怪，看别人的问题清清楚楚，说道理给别人听也很容易，可是换成自己就完全不是这么回事，会有各式各样的纠结与在意。"

我说："难怪人家说，外面没有别人，只有你自己。当有人在外头指指点点时，我们所有的力量都用来满足、应付与对抗外面的人。而没有别人指指点点的时候，力量就转向自己，得去看清自己的需要、应付内心的诸多矛盾，还要对抗自己不同的欲望。想要完全看清楚自己，那可不容易啊。"

回想我读大专的时候，大部分的时间其实都在睡觉。但我却清楚记得当时有一位老师分享她的婚姻状况，那也是我第一次学习到，人如何被外面的声音掩盖了自己真正的问题，还有当外面的"敌人"消失时，面对自己又会如何备感艰辛。

老师说，她和先生结婚前，整个力量都放在对抗反对他们交往的婆婆上。她形容自己和先生是"双手牵紧紧"，唯恐婆婆兴起的风浪会冲散他们俩。

后来婆婆过世了，风浪停了，以为就此太平时，他们这才发现"房间里的大象"，意识到原来夫妻俩是如此的不同。既没有共同话题，也没有共同的兴趣，甚至有时先生还会嫌恶她："你跟我妈好像。"

这不是婚前就要看出来的迥异吗？为何他们的差异如此巨大，却一直没有看出来呢？那是因为过去他们有共同的敌人——反对他们在一起的婆婆。因为婆婆兴起的风浪太大，大到比大象还大，才遮住他们的视线，以至于看不见彼此的差异。

老师的例子，我一直记在脑中。因此在孩子还小的时候，我就会引导他们去适应社会，很少要求他们做什么事情来符合我的期待、让我开心。毕竟若我有什么期待，自己去完成就可以了。单方面要求他们来满足我，会错过他们倾听自己声音的机会。因此，我的孩子很早就得自己做选择，不会有我挡在前面，模糊了他们的视线。

这也是我会选择佛系教养子女的原因。尤其在传统文化的熏染下，我们的注意力多是放在集体利益上，很少有机会去了解自己、满足自己，或与自己和解，然而其实自己才会是那个拿着鞭子谴责自己最严厉的人。

所以，为了让孩子充分认识自己，我用议题分离的做法来与他们相处。除非孩子踩到我、侵犯我的权益，否则我都会闪到一边去，不成为孩子的假议题，如此才能让孩子倾全力去了解自己、满足自己、与自己和解，也才能得到内心真正的平安。规范自己不干涉，与子女佛系相处，应该是我对孩子表达的最大善意了。

怕孩子懒，自己就不要懒

当然，我也明白家长的担心，害怕对孩子佛系，万一让他们变成"懒佛系"怎么办？

我们家的做法是这样的：让孩子知道，想做什么工作都可以，但前提是得养活自己。有我这种佛系妈，三餐孩子得自己煮才有得吃，不煮就会饿死，不自己去赚钱缴网络费就没得上网，哪里会有躺在床上没日没夜打电动这种事？

我知道一般家长对孩子的期待甚高，标准绝对不会只有养活自己而已。所以以下就来揭秘我这个佛系妈如何帮助孩子不只不犯懒，还很上进的方法。那就是不必栽培小孩，只要栽培自己，之后我的小孩很自然地就跟我一样上进了。

不相信吗？我曾说过在加拿大读博士时，有一阵子吃全素。不过我没有告诉孩子，只是自己一个人拿碗装满青菜猛吃，渐渐地，两个小孩也跟着拿了一大碗一大碗的青菜吃。后来他们回台湾念小学，老师对这两个小孩会主动吃菜感到好奇,问我是怎么训练出来的。

当时我还很认真地问儿子,为什么会跟着我吃青菜,儿子说:"看你吃得兴高采烈,感觉一定是好东西吧?不然怎么吃得那么开心?"

所以根本无须劝说,也没有强烈抵抗,我的两个孩子就大口大口地吃起青菜了。

再说到工作。我想大家从我密集发文的程度就可以看出,我几乎是睡醒就开始工作,中间想到什么就闪电写一篇文章贴在脸书上,然后又继续工作,工时相当长,也算相当努力。但我也常利用工作空档,出去跟两个孩子打闹聊天,顺便捉弄他们。在这样的潜移默化下,孩子也学到即使工作不轻松,从睁眼到睡觉都案牍劳形,还是可以开开心心地过生活。

但即使工作再忙,每当孩子有困扰,我一定会立刻放下手边的事,好好听他们说话;孩子想跟我玩任天堂,我也一定奉陪(其实也是顺便休息)。长久观察下来,他们会从我身上学到如何配速,让工作与休息之间松紧得宜,更学到家人远比工作重要的道理。

说来就是这么简单,**你怕孩子懒,你自己就不要懒,你怕孩子不上进,你自己就要上进**;你要他有毅力地学游泳,那你就要有毅力地健身给他看;你要他断手机,那你就断手机,拿书读给他看。

你有多好,孩子就会学你有多好。

失败被看见又何妨

失败只是一个可以修正、可以变得更好的提醒而已。
当孩子与失败相遇时,不用那么失望,真的没事的。

女儿下班回家已经晚上九点多了,每天得睡十小时的我正好要去就寝。睡前我跟女儿说:"去年七月投稿的那篇期刊论文,傍晚收到退稿信了。"

女儿说:"啊,花了一整年的时间耶。你一定很难过。"

我说:"对啊,就好像谈了一年的恋爱,过程中对方要你改,你也改了,但最后还是勉强不来,只能分手。"接受了女儿给我的安慰,原本沮丧要去睡的我,干脆转身去冰箱拿出点心,给自己找个理由,心想"人家是借酒消愁,而我要怒吃一波以解忧愁",放任自己在睡前吃起宵夜。

我的儿女从小就看我在无数次的投稿、觅职中被拒,但我可以说,这是我给孩子重要的生命礼物之一。

我想要让孩子们看到我失败的模样。让孩子们看到我失败、难过、任性,再看着我疗伤,看着我摔倒在泥堆里,站起来,再摔倒，再站起来，让他们看到我不断坚持或到最后选择放手，我都在为自己找最合适的地方。

如果我没让孩子参与这个过程，只让他们看到我成功的模样，那孩子未来碰到挫折的时候，怎会知道生气跟难过是可以的？怎会知道跌跌撞撞爬起来的过程是什么样子？他们又要如何知道放手并不可耻呢？

社会学里有个"彼得原理"，意思是说，在一个组织里，人会因其某种特质或特殊技能，被擢升到最终无法胜任的高阶职位。也就是说，为了追求卓越表现，人生就像在爬一座座的楼梯，这座爬完了再爬另一座更高的。就这样爬呀爬呀，有一天，终于爬到一座能力勉强能够到达的地方，并引以为荣，但很快地，你就会发现，原来自己跟同个高度的其他人比起来是倒数几名。

你可以用各种形容词来描述身处于其中的感受：恐惧、担心、害怕格格不入，觉得自己不够好、不够努力，不值得活在这个世界上。可以想象，时时刻刻活在这样处境中的人，对生活是很绝望的。

因此我不喜欢我的孩子追求卓越，我喜欢他们去做自己喜欢的事。卓越，是在做了自己喜欢的事情之后，自然产生的副产品。他们可以自然卓越，也可以不卓越，能养活自己就好。所以我常跟孩子说，只要能养活自己，不伤害他人，我就会为他们的人生感到光荣。至于我的儿女有没有因为妈妈的低标准,就怠惰而停滞不前?没有!他们现在的成就远远超过养活自己。

以追求卓越、赢过别人为目标,迟早会因为再也爬不上去而自我唾弃、陷入忧郁。**做自己喜欢的事,享受自己努力付出,人生才会像身处电玩世界一样,一直听到"锵锵锵锵"加分的声音,开心得在生活里流连忘返。**

相信人会自我修正

况且失败对我来说,并不是什么丢脸的事。由于我从小就不是传统意义上的乖孩子,还曾被认为不受教、很难管,因此做事情取得成功会被认为只是意外,老师不喜欢我则很正常,这导致我对于失败没有太大的耻辱感。

但自从到台北教育大学任教,我发现许多来找我咨询的学生都很怕失败,甚至会怕到瘫痪、不敢尝试,或是只要失败一次就一蹶不振……这是我这种把失败当日常的人无法理解的。于是我请教了我身边那位,从小就名列前茅,一路从附中、台大毕业的女儿,请她告诉我为什么有人会这么害怕失败。

女儿表示台大人很多都有这个议题。她说,在学校里成绩就和金钱一样,是衡量一个人成功与否的标准。那些一路在学校系统中领先的人,见识过老师如何看待成绩不好的学生的人,于是一题也不敢错。因为错,代表老师会失望;错,代表失去地位、不被爱;错,代表生存受到威胁。

但女儿也表示，她后来之所以能够挣脱不能失败、不能错的魔咒，是因为在学习语言的过程中得到了体悟。她发现要学好语言，其实不用死命背，只要不断不断地听，大脑自然会自己整合。当你同样的字听了一百次以后，很自然地，你就学会这个字了。而她也从"脑子会不断地自动学习"的这件事，领悟到没有人会因为一次失败，整个人生就完蛋的道理。

因为这次失败了，只要你继续学习，脑子还是会继续工作，而你也就会越来越厉害。不管失败几次都一样。

听了女儿的论述，我也分享了自己的看法。我说："就像幼儿把阿公叫成了阿东，某种程度上也算一种失败啊，可是之后一次一次跟着大人重复去发音、一次一次地学习，小孩迟早会学会，不会把阿公叫成阿东。但要是你一直强调他很笨学不会，他就会真的相信自己很笨，然后停止学习，那时才真的叫作怎么学都学不会。"

不会用成绩来排名家中地位，或许就是我家族厉害的地方，因此就算我小时候不乖、成绩不好，也没有人让我觉得自己很笨。失败对我而言，就像是阿公讲成阿东一样，顶多大家听了笑笑而已，我不会怕别人对我失望、怕失去爱而引发生存危机，就此不敢尝试。

失败只是一个现象，一个可以修正变更好的通知而已。所以当你与失败相遇的时候，不用那么失望，没事的。

至于做父母的，就要把孩子的失败当成把阿公讲成阿东，只是需要多一点练习，差别就只是时间长短而已。但时间的长短又代表什么呢？有人三十岁便功成名就，却英年早逝，可有些人直到八十岁才开始作画，后来成了世界知名的画家。

要相信孩子会自我修正与成长，除非家长一次一次对他们传达出失望，让他们一次一次自我否定，不然**只要人的脑子没死，一辈子都有机会再学习。未来只会越来越好，哪会越来越糟呢？**

勇于认赔杀出

没准备好要接受,就算食物拿到嘴边也没有用,
为了义务强行捆绑大家都痛苦,既然不爱了就干脆放手。

那天和弟弟到从小一起长大的朋友阿峰家喝咖啡。聊天中谈起我小时候曾经溺水的事,也让我更确信我对孩子的教育,要采取不学不勉强,有需要再学的佛系态度。

记得那是一个炎热的暑假,阿峰和一群朋友带着当时小学五年级的我到阳明山游泳。仗着之前参加过游泳队,我很有自信地在水里游来游去,却没料到山上的水很凉,不久我就腿抽筋,溺水了。当时我拼命挣扎,脑部开始出现缺氧的状态——那种感觉到现在都还记得,很舒服、热热的,布满全身,正当我要放弃挣扎之际,下巴被人一把托出了水面。

在岸上慢慢舒缓过来后,我问救生员哥哥,他老早就看到我溺水,为什么不早点来救我?他回答,他得等我准备好被救援时才能出手,否则他也会被我拖进水里。才小学五年级的我,听得懵懵懂懂,但这个"你得准备好我才能救你"的概念,却从此在

我脑袋中扎根。

后来在人生各种的事件中，只要对方还不在预备好接受的状态，我一概都不主动出手。就算对方的确主动了，但只要后来改变主意，我也能很快地放手。因为若是别人的心不想接受，再勉强也没有用。

之前提到我的孩子曾在加拿大蒙特利尔生活三年，当时他们都用法语讲秘密，我以为回到台湾后，也可以延续这股优势，让他们继续练习法语，成为具有职场竞争力的双语人才。奈何回到台湾后，孩子们眼前有太多喜欢的新鲜事，也觉得在台湾干吗讲法语，学习开始变得很不投入。后来看法语老师也教得超级痛苦，我就放手没让他们继续去上课。

但当时我还是没放弃让孩子成为双语人才的梦想，听说有个法国家庭的孩子在家自学，正好需要友伴。我就和那家的法国妈妈联络上，两人兴高采烈地安排各式学习活动，要让两家孩子一起玩。可惜我的孩子觉得法语和他们没关系了，无论我们再怎么创造动机，也引不起他们的兴趣，最后只好又放弃了。

这种只有妈妈一厢情愿的例子让我学习到，只要孩子没准备好要接受，就算食物拿到嘴边也没有用。加上前述溺水的经验，救生员说的"你得准备好，我才能救你"，否则也可能让救人的一方受伤，所以我后来暗暗下定决心：除非你们求我，求我，再求我，否则我绝对不出手。

只是当我这么想时，生命又给我另一个进阶版的学习机会。

那是儿子女儿小学的时候，受到漫画影响，加上体育老师极力鼓吹，两个人一起来求我，要学网球。当时老师还建议，如果要学就要下定决心，最好一次约定上课半年且不退费，这样才不会浪费彼此的时间。于是，我和孩子们说了，妈妈为了让他们学网球，必须付出很高的金钱代价，孩子们也信誓旦旦地说一定会好好学。然后我就付出了大把银两，开始接送孩子练球的生涯。

没想到才过一阵子，孩子就说不想学了。当时我简直气疯了，指责他们："学网球是你们自己要求的，需要的衣服器材都买了，钱也交了，我的时间也投下去了，你们总要学会什么叫作勉强吧？"于是孩子在妈妈的情绪勒索下，勉强着自己像行尸走肉般，只要时间到了就让我载他们去练球。

又过了一阵子，我看到孩子的学习状况依旧不佳，连带也让我情绪低落，才终于下定决心，认赔杀出，终结这场孩子痛苦，教练痛苦，我也痛苦，大家都痛苦的战役。而我也从这场网球战役中认识到，即使他们之前对网球爱得死去活来，哀求着、承诺着会好好地爱网球，但，后来不爱就是不爱了。就算你喊一百遍，"明明是你们说要的，还花这么大的力气，现在为什么不要了？"，也没有用。

因为，没有为什么。不爱，就是不爱了。

为了义务强行捆绑，大家都痛苦。所以既然不爱了，干脆就放手。

以上的例子说明了，何以我后来对任何事都采取佛系态度。

我从自己和孩子的生命经验学到，当对方还没准备好要接受你的礼物时，就像闽南话说的，你可以把牛拖到水边要它喝水，但它不愿意张嘴喝也没用；更学到当一个人起了渴望的心，也付出了行动，不见得非得达到原有目的才叫成功，从整件事中学到的所有课题都可以是成功。

在每次的尝试当中，我珍惜学习到的，什么是适合我的，什么是不适合我的。我也学到有时候**感觉只是一个感觉，有渴望不一定要立刻行动，有渴望很好，但稍微等一下，先评估之后再行动。**

还有，我学到最珍贵的一课，就是认赔杀出，学会放手。这也是我的人生，能够不受情绪折磨的主要原因。

> 妈妈永远无法为孩子受苦,
> 怎么做,都不见得如孩子的意。
> 还是让他们学会为自己做主,走好自己的路。

兔包的崩溃日记

妈妈想代替你生病

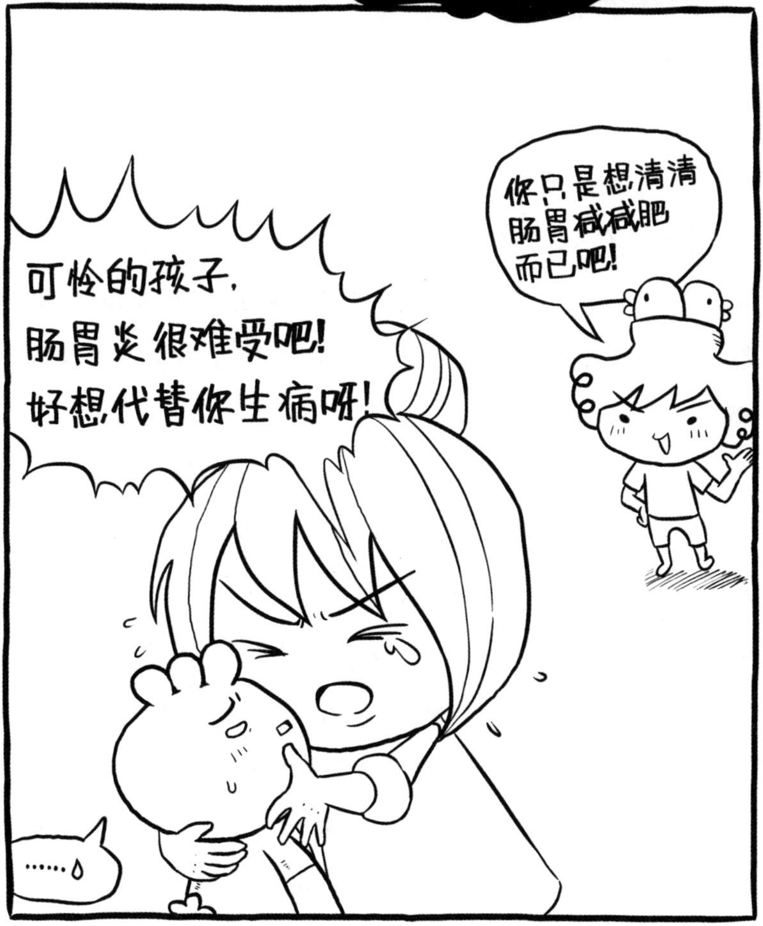

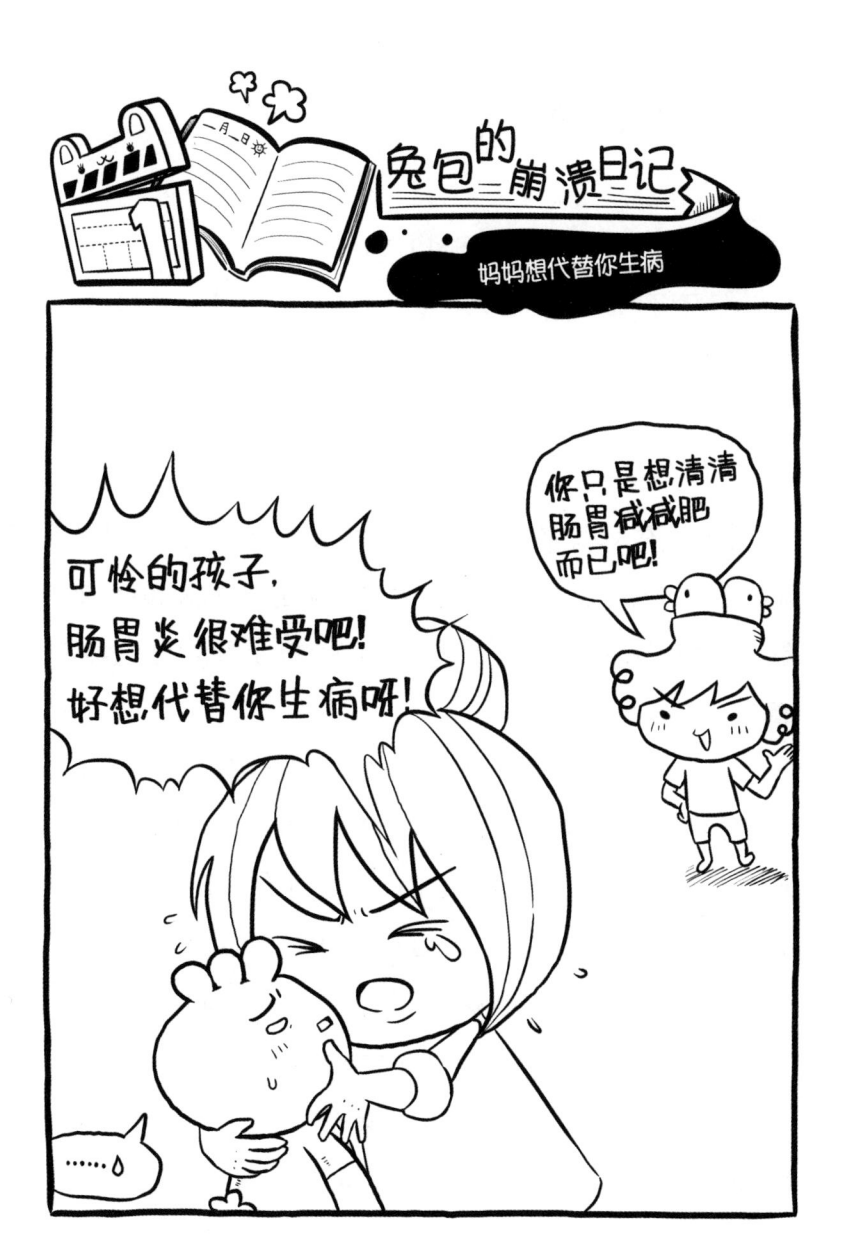

不过是生活转向而已

"读书才有前途"这句话并非金科玉律,
每个人都有不同的特质,
放弃读书不等于全盘皆输,搞不好会更有成就。

或许会有人说,面对金钱可以认赔杀出,但面对孩子的学业能这样做吗?面对婚姻、身体、生意等都可以认赔杀出吗?我想,在放手认赔杀出之前,必须先经过许多努力,也得要全盘搞清楚状况后才能做出决定。

好比,学业成绩不好的原因有很多。像我小时候成绩不好是因为听不懂,一个地方卡住跟不上之后就上不去了,或者,像我儿子小时候成绩不好,是因为他不知道学这个要干什么,所以读不下去。而我女儿大学时申论题写不好,是因为高中考试多是有标准答案的选择题,这种她就很会作答,但申论题的重点在于要有观点,没有标准答案,所以她的脑袋就卡壳了。

其他我见过的孩子,有的需要去操场跑很多圈,把能量释放掉才能静下来学习,有的则是需要先喜欢老师,才不会因为忙着讨厌老师而无法学习。为了找出影响孩子学习的原因，家长、老师可以试试看先化身为学习有困难的他，以他的眼光去看、去理解到底发生了什么事。

很神奇的是，有时候家长只要回想自己小时候的经验，就会瞬间了解孩子的问题，知道他为什么学业成绩会那么差。

回到学业、婚姻、身体、生意，可以认赔杀出吗？一样，只要搞清楚发生什么事再做决定，或者如果可以解决，那也就没有什么认赔杀出的问题了。

就算最后认清读书实在不是孩子的强项，再搞下去孩子的情绪和自尊都会崩塌，全家也要陪着疯掉，这时认赔杀出也不等于全盘皆输，不过是生活转向而已；婚姻不幸福，放弃婚姻，生活还是可以很快乐；身体不好，放弃期待自己是一尾活龙的幻想，还是可以做其他可负担的活动；生意不好放弃生意，转为受聘雇，生活一样还是可以过。

就算学业成绩不好，只要学会基本的知识与技能，一样能养活自己。就像我儿子认识的商场老板，他们并非所有人从小就是非常会读书的，或许正是他们当时的精力都拿去注意生活和交朋友，才会有后来的成就。

扭转不合适的既定印象

有次家庭聚会结束，弟弟载我回家。路上谈起我们家人的学习路径可分为两条：一是学校体制路线，一是自学路线。而我弟和我儿子都是走自学路线的人。我弟弟生意做得很好，现在是家里钱赚得最多的人，也是最常回家陪妈妈健身、帮妈妈处理事情的孩子。

弟弟说："这个社会弥漫着非读书不可的氛围，但现在我跟你儿子都过得很好，代表读书才有前途这句话并非金科玉律，还是得看每个人的特质。如果不爱读书，那就早一点往另一条路去走，别太勉强。"

这番话让我想起我哥之前说的，很多人因为不知不觉，因为觉得大家都是这样，就盲目地跟随某些饮食方式，结果因为自己的身体条件不同，最后患上糖尿病，还引起并发症或其他问题。这样的类似情况，套用在教养子女上也完全可以成立。

首先是父母不知不觉地相信，没有顶尖的成绩就会完蛋。然后孩子被逼得受不了，不想忍受待在学校一天坐八小时以上的痛苦，开始逃学，对父母讲话不客气，失去自信躲到房间，不去上学也不去工作。父母虽然觉得不对劲，但是习惯和观念没有及时改变，所以想尽办法要孩子回到学校体系，于是和孩子的关系每况愈下。

有些来找我咨询的父母，在听到我说孩子不一定得待在学校之后，经常就没有了下文。习惯之所以难改，是因为它有着强大的脑部神经优势，反射动作一般、想都不用想地认为"事情本来就是这样"。有时候则是因为它被赋予了强大的情感联结，譬如吃米粉汤会带给你小时候的幸福感，不读书会有生存危机的恐惧感，因此难以改变。

想要扭转习惯所带来的情感冲动，还是得回到正念。停一下，呼吸，先让冲动过去。

让你脑部的各种信念在冷静状态下整合，做出最好的决定。好比冲动时请告诉自己："我可以吃这碗米粉汤，但等一下，我得先吃蛋白质和蔬菜，吃完过一小时还想吃米粉汤，再去吃。""我可以坚持孩子要走读书这条路，但是等一下，我先好好观察，眼前这个孩子做什么事情最有效能、最开心，再来和孩子商量哪一条路最适合他。"

到底要不要称赞

面对新挑战,

需要有人告诉他对或不对的状况下,

不要客气,大力地肯定他。

接受演讲邀约时,主办单位常会跟我要宣传照。但其实我没什么像样的照片,常常随便找个过去上通告和主持人的合照,裁一裁后交差了事。只是次数多了,我自己也不好意思,于是请《和自己,相爱不相碍》的封面摄影师 Dino,帮我拍了几组照片。

那天拍完照后,还来不及卸妆,就和老友素素接着茶叙。素素看到我说:"今天有拍摄行程啊?"我跟素素交代了这次拍摄行程的始末,她好奇地问:"你为什么会选择 Dino 帮你拍照?"

我说:"原本我也不晓得为什么,只是一个直觉。但今天拍摄的过程也让我发现,为什么我想都不想就请 Dino 拍照。因为就我过去的拍照经验,只有让 Dino 拍的时候最自在,拍出来也好看,所以需要拍照的时候,我自然就想到他。Dino 拍照的时候,会一边按快门,一边说'可以,可以,可以'。那是很奇妙的经验,很像被催眠一样,也会跟着告诉自己'我是可以可以可以的'。当然,在觉得自己'可以'的时候,很自然就会放松。"

素素说:"你的意思是他很会鼓励喽?都不会纠正你?"

我说:"会喔,他会纠正我。在状况不佳的时候,他也会说:'酒窝不见了,僵掉了。'但我听到他这么说并不会紧张。因为听了几百次的'可以可以',所以我知道我是'可以'的。只是酒窝不见了,只是僵掉了而已。至于那些'不可以'的部分,他也会清楚地告知酒窝要露出来,而不是用'你怎么这么僵'的叙述法。毕竟'你怎么如何如何'的叙述法,很容易让人联想到自己过去被指责的相关经验,导致脸部表情越来越僵。"

素素说:"那他怎么不说'很好、很好、很好''很棒、很棒、很棒'?"

我说:"他如果说'很好''很棒',我反而会不相信。毕竟人家是专业摄影师,拍过那么多的专业模特。他用'可以'这两个字,反而让我觉得他是真诚的。"

素素接着问:"人家都说不要称赞小孩,才不会操弄小孩。但听你这么说,我都搞不清楚到底要不要肯定、称赞小孩了。"

我说:"我认为要不要称赞得看状况。首先我们要知道人的心智如何运作。我们的脑部会不断地巡弋,确认自己是否在'对'的路径上,如果不确定,就会花很多心力怀疑自己,也无法放松,往对的方向修正。

"所以如果是面对完全不熟悉的新挑战，需要有人告诉他对或不对的状况下，那就不要客气，大力地给予他肯定。但给予的肯定跟称赞绝对要真诚，如果只是随意敷衍，不仅对方不会相信，也不会帮助他往对的方向走去。另外一种需要给肯定的状况是合作与沟通。在和他人合作时，我们得先确认对方的'对'和我的'对'是不是一致。而当对方做'对'的时候，你得不吝于肯定，他才知道要怎么和你配合。至于不适合赞赏和肯定的状况，目前我想到的是，企图让他人照你的意思去做，而那件事情又和你的权益无关时。我举个例子，孩子念什么科系其实和你的权益无关，这时候我们就不适合用称赞来影响孩子做选择。要是孩子为了赢得你的赞赏，去念你喜欢的科系，万一哪天这个科系的就业市场不佳，或是他一点兴趣也没有，我们绝对扛不起这个责任。"

所以到底要不要给肯定？要不要给称赞？就如同刀之两刃，水能载舟，也能覆舟。**与其寻求单一的答案，还不如先去了解人类的心智如何运作，这样就可以在不同的状况下，做出合适的决定。**

纠错前，先注意他的优点

给予赞赏需要视事件与情况，而给予指正又是另一门学问。我自己也是在学校当老师后，跌跌撞撞摸索了好多年，才慢慢找到如何指正孩子却不会惹恼他，他其至还愿意开开心心向你学习的窍门。

好比最近办活动要借场地，负责的学生跟我要计划书以便上传当佐证资料。才把计划书回传给他不久，学生就来问："老师，这个'误'餐费是打错了吗？应该是'午'餐费吧？"

好吧，大部分的成年人都会知道是"误"餐费无误，但对一个高中刚毕业的学生来说，不知道误餐费也是正常的。我反而觉得他把送出去的文件先阅读一遍，这点倒是很难得。

所以我没有马上纠正他，而是先称赞他："你竟然有先看过老师的计划书，注意到这个细节，而不是稀里糊涂地传出去，这真是好习惯。这个习惯未来可以帮你省去很多麻烦呢！"

这样的回馈会强化学生的好行为，未来他把任何文件送出去前，都会想起这个好经验，也会更有耐心把文件审视过一遍再传出去。接着我若无其事般地讲解误餐费的正确用意，说："误餐费的意思是'误'了午餐。"然后又讲一些行政流程："餐费核销比较麻烦，要每位吃饭的人都签名。"指正变得轻轻淡淡。

如果我没有先称赞他的细心，第一时间就直指误餐费不是午餐费，学生可能会解读成我在指责他的无知。即使这些对话不过是一些看似单纯的讯息，他也可能会感到羞愧、不舒服。严重的话下次还会躲着我，或是不想再扛起任何公共事务，以免又被指责。

人类的脑部为了生存，比较容易看到"不对"的事，也会急着想更正。直接回复学生"什么午餐费？你连误餐费都不知道吗？"也没有不对，但当对方听到自己被说"不对"时，大脑的杏仁核就会被激怒，对方若是因此处在自卑和愤怒下，就很难再收到你的好意与教导了。

因此，当孩子询问问题或做新尝试时，先注意他的优点并且说出来，如此一来，不仅能帮助他建立信心，愿意站在既有的基础上奋力再往高处爬，而且还会因为你看到他的优点，让他对你的人和你教的东西有好感，更有助于提升学习的效果。

看见孩子的能力

家长总认为要做孩子的保护者，
常阻止孩子去冒险，
但或许他们从来没有我们想象中的那么脆弱。

朋友的孩子索尼只身前往美国的大学就读，我帮他介绍了一位当地朋友，希望可以就近照顾。到了当地，索尼还没和我朋友见面前就先跟我报平安，我也询问他是否一切安好。

索尼淡淡地说："那天在火车站碰到了流浪汉。他上上下下地拉着裤裆拉链，绕着我转。我赶紧上了出租车离开，车刚走我就察觉手机不见了，回头一看，才发现那个流浪汉正追着车子跑，手上挥舞着我的手机要给我。"

我一听五味杂陈，心里盘算：该安慰他说，只有车站附近才会这么乱吗？我很担心他会以为当地都这么恐怖，会害怕到难以安心读书。然而转念一想，现在重要的不是我怎么做，而是他怎么想。我知道我不能为了要马上缓解他的焦虑而急着说些什么，因为这样会帮他画上句点，让他失去继续说下去的动力。

我得勒住舌头，好好听他说才行。

等他说到一个段落，我才问他："如果是我，我一定吓坏了。你呢？你怎么看这件事？"

索尼说："我很感谢他拿手机追过来。"

听到他的话，我的长辈魂立刻上身，心里想："这孩子会不会太没有危机意识啊？第一个念头竟然是感谢？我是不是该引导他认识世界是有坏人的？"

幸好我还是即刻提醒了自己，千万不要在杏仁核还很肿胀的时候下结论，武断地认为他是个天真的孩子，我得先把话都听完。

后来我改问他："去学校还顺利吗？"

索尼说："都很顺利。不过去办事情时，也碰到一个游民走过来，举起拳头对我说：'Go back to where you come from.'（回到你的地方去。）"

听到这里，我已经担心得杏仁核快要爆炸了，也察觉到自己各种要他小心的话快冲出口，所以，我赶忙勒住舌头，告诉自己若我现在叮咛他，可能会让他怀疑自己，甚至还会让我觉得我在轻视他的危机处理能力。毕竟我们在被旁人叮咛时，不也常这样吗？所以我不动声色地听他说下去。

索尼继续说："后来有一个人过来阻止他。"

太神奇了！我好奇那个人是不是警察？还是小区巡逻或认识

的人？"

索尼说："应该都不是。那就是个路人，只是看到了过来给我解围。"

这个时候同理他应该是个好选择，但是又怕会同理错误，所以我还是想先确认一下，问他："我第一个念头还是，如果是我，我一定吓坏了。你呢？你怎么看这件事？"

索尼说："我很感谢那位帮我挡下来的人。但我那时逃得太快，来不及跟他说谢谢。"

又是感谢！这下子我的杏仁核真的要爆炸了。这个孩子怎么一直在感谢，会不会太没有危机意识啊？

觉察到自己就要暴冲起来，我再度告诉自己："停！我不能骤下结论。这个孩子确实有逃走，并不是没有危机意识。"

但我得再多问问，才能了解索尼是怎么想的，他会这么乐观一定有原因。

于是我又接着问："你对这两个事件的第一个念头都是感谢，好像没有因为这样就对这个城市失望。我很好奇，为什么你的反应不是想要离开这个不友善的地方？"

索尼摇摇头说："从银行职员、商店店员的友善，到跑过来解救我的陌生人，都可以看出这个城市对非白人还是友善的。况且，也看得出来这两个流浪汉多少都有精神上的问题，而且第一位只是行为怪异而已，他还会追车想还我手机，我实在想不出来为什么要对这个城市失望。"

我跟索尼说:"你知道你最大的优点是什么吗?是即使遇到两次危机,你仍然可以鸟瞰全景,没有被恐惧所绑架,也能依据观察结果,做出公平的结论。"

索尼笑笑说:"我隐约也知道这是我的优点,但你是第一个说得这样直接的人。"

家长与长辈总是认为,自己应该要做孩子的保护者,经常不经思考就阻止孩子去冒险。然而孩子真的在险境中吗?到底是我们没问清楚就开始恐惧地想象,还是他们真的处在险境?好,就算孩子是真的处在险境,或许他们也从来没有我们想象中的那么脆弱,早就有了应付危机的能力。

孩子终究要进入无处不是挑战的社会,如果不去让他历险,要怎么习得应变能力?

虽然担心在所难免,但反应不要过当。家长与长辈或许可以试着把注意力从自己的焦虑,转移到去静观孩子是如何看待他的经历。勒住舌头,别让自己的杏仁核被恐惧绑架,好好看着眼前的孩子,好好听他怎么想,好好地看他怎么处理。

然后,你会像我一样,在担心的迷雾散去后,看见孩子的优点。当他知道你是如此看待他、欣赏他的优点时,他也会变得更有自信,这就是赋能。

训练他做自己的总经理

把人生的决定权还给孩子,
就算一开始跌跌撞撞、不进则退,也都只是必经之路而已。

　　满是愤怒、失望、伤心的陈妈妈来找我。她说她儿子很聪明,但就是人懒又有选择困难症,只要让他自己做决定,就会拖拖拉拉办不成事。为了让他尽快融入学校、融入社会,跟上大家的脚步,从小她就得帮儿子决定大大小小的所有事。

　　幸好儿子很乖也很听话,时间到,切掉网络,他也就乖乖去睡;叫他去上补习班就乖乖去上课。果然,儿子不负妈妈所望,在她形容"孩子最大的潜能被我激发出来了"的情况下,如愿考上了台大。但陈妈妈没想到,儿子住进台大宿舍后,没了她的指导就开始打电动。儿子还告诉她说,其实他常打电动打到想吐,但如果不打,内心就会有一个"我不喜欢这里"的声音出现,然后越来越大声。于是他连课也不去上,最后从台大退了学。

　　知道儿子不喜欢他读的科系后,陈妈妈也问过儿子:"要不然你自己说,你想要读什么系?"但儿子说不出来。于是她再一次帮儿子做好所有的安排,儿子再一次不负众望考上了另一所顶尖大学。但一脱离妈妈的管辖范围后,台大事件再度重演,最后儿子还是离开了学校。这下真的炸锅了。周围的亲朋好友也纷纷耳语,大家都在讨论这件事究竟是谁的错。

陈妈妈委屈地来找我,说:"我究竟做错了什么?我还有别的选择吗?面对一个有选择障碍、有拖延症的孩子,眼看车子就要撞过来了,我能不一把把他拖过来,免得他被撞死吗?"

我完全能够理解陈妈妈的两难,因为我的确看过许多慢条斯理的小孩,你不逼他,他就静静坐在那里一整天也不动。只是陈妈妈原本的善意,却在孩子不符合社会期待、被退学时,变成千夫所指的"控制"了。

和陈妈妈谈话的当晚我做了个梦。梦里,我任教的大学宣布,以后各个科系要自负盈亏,老师的薪水与营运经费要自己去赚。所以我马上跳出来计划和分配事情,但大家都指责我规划的方向他们不喜欢,还觉得我分工不均。后来我说要不大家都来说说,自己"想要"和"应该"做的事吧。然后整个晚上的梦,就在听着每个人的"想要"和"应该",那个梦好长好长,超累的。

醒过来后我躺在床上回想整段梦境。发现一个人要搞清楚自己的"想要"和"应该"就已经很难了,更何况还要说出来?难怪做一个梦得花这么久的时间。而且说出来后,除了别人要听得下去,还得跟他们的"想要"和"应该"协调,最后得出一个大家都愿意试试看的方向，真的很不简单。

那难道就没有简单的方法了？我想了又想，觉得如果是像疫情这种紧急事件，还可以来个强人领导，登高一呼。但人生日常就是这种不断协商的过程，否则就会如梦里的那样大家都不满意，于是耳语、嫌弃，发出种种抱怨，事情也会因大家的抗拒而停滞不前。然而再转个念想想，毕竟要有共识、有效率，也是需要花时间去培养的，所以拖磨也只能算是必要之恶吧？

放手让他自己去找答案

一个星期后陈妈妈又来会谈。我问她："你会开始帮孩子安排课业、决定生活大小事的原因是什么？"

陈妈妈说："我儿子缺乏计划与领导自己的能力。你得具体指给他看，说'这是你的目标，你得如何做'，他才会有动作。你不这么做，他就像一家公司里没有了总经理的员工，坐在那边像废物一样，但你明明知道这些员工的能力都很强，所以才令人气到跳脚。"

我说："于是你就自己跳进去，成为儿子生命里的总经理。只是一开始这个策略的确很成功，但后来就行不通了，是吗？"

陈妈妈说："对！上大学以后就没有用了。我也没办法当他的总经理，因为太远了我管不到，也不知道他读了什么，不能再帮他规划。"

我问："如果时间倒流，你觉得可以怎么做，让他变成自己的总经理？"

陈妈妈思考了一下，自言自语地说："小学？不行，这样老师就会来告状，说他这个忘了、那个忘了。初中？更不可能。高中？高中对于读哪所大学的影响很大，所以不能赌也不能放手。"

她摇了摇头，又说："我想不出任何放手的时候。"

我继续问："那你在当他的总经理时，心里是怎么想的？"

陈妈妈回答："我会想：'你没写作业，明天会被老师罚，班上同学也会看不起你。学校也是很现实的修罗场。'所以我会直接规定他，功课几点要写完，要不然就罚他不能看电视之类的。"

我说："如果把你想的变成问句，由儿子自己来找答案呢？譬如，作业没写完会发生什么事？"

陈妈妈说："他只会强辩说老师不会罚他，同学不会看不起他。"

我说："但你知道老师一定会罚他。"

陈妈妈说："对！一定的。小学老师一定会罚他。"

我说："好，如果真的让老师罚他，让他得到应得的后果呢？你说要是老师真的出手罚他，他还不会改善吗？"

陈妈妈说："但我没办法这么做。这样老师就真的会不喜欢他了，也只会觉得我是个不负责任的妈妈。"

我说："所以听起来为了成为老师眼中负责任的妈妈，你就一路帮儿子负责任，负责到儿子成为不负责任的人，而你成为千夫所指不负责任的妈妈。"

陈妈妈叹了口气："唉，当初想要止住小痛，怎么会想到现在却反而变成大痛。我现在该怎么做才好？"

我说："把总经理还给你儿子当喽。"

陈妈妈说："无为而治，不管他吗？不管不行啊，老师。我也曾经试着不管他，但他就真的自得其乐，整天在家晃来晃去。"

我笑着说："刚开始当总经理还没经验嘛！不然你可以去问他问题，引导他想答案啊。"

陈妈妈说："我看，他得要想很久。"

我说："就让他想很久吧！他都已经两次依照你的意见走了，结果去了他不想去的地方，最后只能打回原点。所以这次就让他自己去练练。要练多久？不知道，但总得开始。总有一天他会练到不用你提问，也能自己去规划与决定。或许，他想的不是你要的答案，也不是你觉得有效率的做法，但他做了自己的总经理，为自己的人生负责了。"

陈妈妈说："可是他如果要想十年呢？"

我说："那你就不要帮他交网络费、电话费，不要煮饭给他吃，也不帮他洗衣服，你觉得他还能想十年吗？"

陈妈妈说："其实不管是算命的说，或者依我看他的能力，要是他愿意往金融方面发展一定会有好结果，也能省下很多路，但他为什么就是要把事情搞得那么难呢？"

我说:"就如你说的,那也得要他愿意。问题是人就像一间公司,由好几个部分组成,有很多不同的想法和渴望。我们也得跟自己协调好,了解自身的'意愿'到底是什么。上次你来找我的那晚,我做了个梦,梦见我在帮同事分配工作,但无论怎么分,大家都不满意。而你就像梦里的我,无论怎样做儿子都会不满意。所以你只能放手让他自己去做决定,就算很花时间,还是要把决定权交给他。过程中他的内心一定会有很多拉扯,但你仍要给他时间去摸索和协调,或许看他跌跌撞撞会让你很心疼,然而要知道,他已走在当自己人生总经理的道路上了。"

"

教养孩子都是妈妈的事?
或许得先操控另一个'长子',
再去处理其他孩子。
是说,别人的儿子好教吗?

"

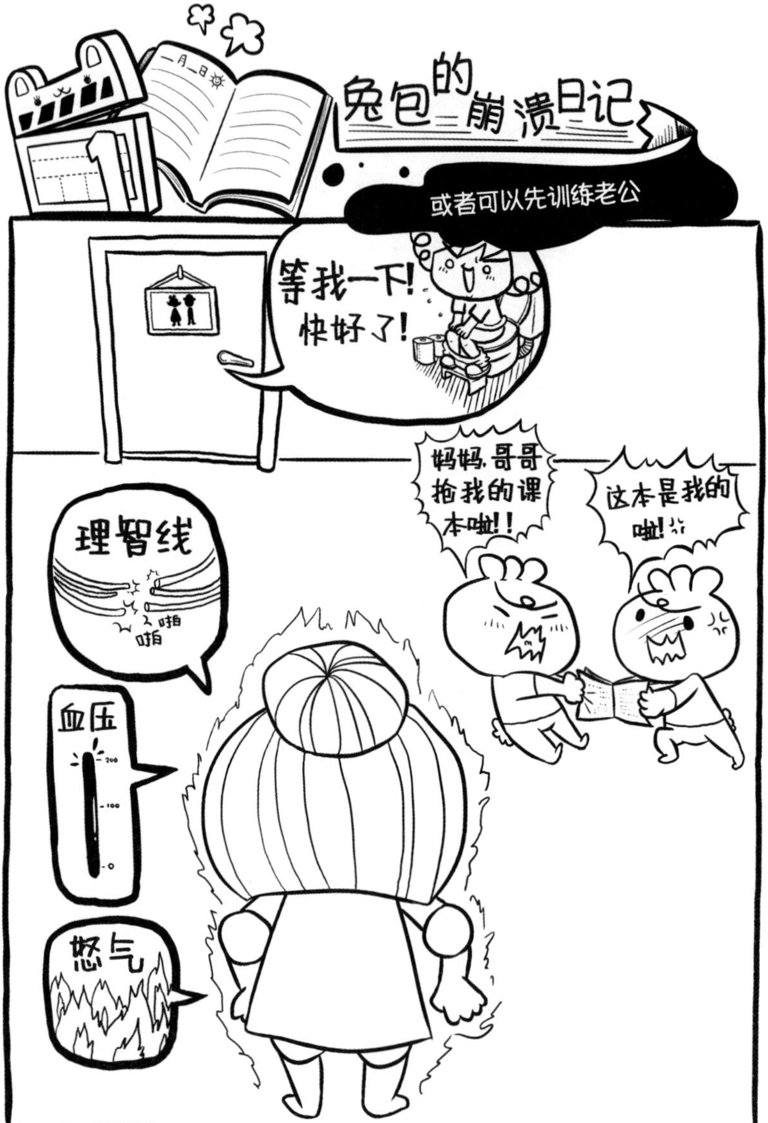
兔包的崩溃日记
或者可以先训练老公
等我一下!
快好了!
妈妈,哥哥抢我的课本啦!!
这本是我的啦!
理智线
啪
啪
血压
怒气

最厉害的管理，是让孩子管好自己

光是安静地凝视，

也会让孩子冷静下来去想自己该做的事，

不须赏罚，他们就能自律地独立生活。

我哥哥连续两周没回台北参加家庭聚会，所以一回来就赶紧帮妈妈补充维生素。可他手上虽然忙着，嘴巴却没停过，打从我跟弟弟、弟妹进家门后，就一股脑儿地把堆积了两周的话给倾倒出来，一下讲他长时间在医院，办公室放满健身器材、VR 设备、扫地机、拖地机，又因为不好意思让事务单位进来打扫维修，所以自己辛苦地换灯管；一下子又说，他如何找到最厉害的清洁剂，可以把老旧大楼的厕所洗得干干净净……

看到哥哥打开了话匣子讲个不停，妈妈轻轻走到他后面说："先把东西装完再说话吧。"哥哥听了，原本停下来的手又赶快动起来，继续把维生素装进盒子里。但才一下子，他又想到有趣的话题，手不自觉地停下来，又跟我们聊成了一团。聊着聊着，他忽然意识到不对劲，说："哎哟，妈妈在看我。"然后继续火力全开地装维生素。

当下，我往妈妈的方向看去。发现妈妈就如平常一样，恬静安适，静静地看着我们，静静地听我们说话，没有生气的表情，没有山雨欲来前的静默，更没有用上帝视角看着一直讲话忘记手上动作的哥哥。就只是静静地看着。

在那一刻，我了解何以我能够这么无为而治，不须赏罚孩子，也能让孩子自律地独立生活。原来就是来自我母亲的身教，她让我看到了什么叫作轻松教养不生气。光是静静地看着，不需语言，我妈就已经比河东狮吼还要厉害千万倍，能让我们自己管好自己。

因为当我们这些小孩兴奋到忘我时，她那安静的凝视，总会让我们意识到要缓一缓、停下来。会去想象从她眼睛望过来的我们像是跳来跳去的猴子，于是也会跟着安静下来，然后用脑袋想想自己现在该做什么。

你说我妈没有管我们吗？从表面看起来的确是没有，但她最厉害的管理就是，让我们意识到要管理好自己。

刚刚好的关心

我祖父在孩子出生后不久就离家出走，祖母则在很年轻的时候就过世。所以自小无父无母的父亲，在大稻埕生存得够草莽，因此我爸都自称是斯文流氓。每次听他讲话都觉得又直又冲，有一天我好奇地问妈妈："爸爸会称赞你吗？"

妈妈没有直接回答会或不会，而是说："他不会把我对他的好视为理所当然，会跟我说谢谢。"

我又问:"可以举个例子吗?"

妈妈说:"譬如有一次,他要去打高尔夫球。我记得他说过膝盖痛,所以半夜起床上厕所时,顺手把一个护膝放在他要带出门的球袋里。转天你爸爸打球回来,我正在睡觉,他就走到床边说:'谢谢你,看到护膝我很感动。'"

听到妈妈说的话,我跟其他家人都很惊讶,才知道原来像我爸这么草莽的人,也有这么感性的一面。

"那也是因为妈妈做得刚刚好啊。"我弟说道。这话让大家更好奇,什么叫作刚刚好?

弟弟继续说:"我有个球友,每次洗澡前老婆就会帮他准备好要更换的衣服。出去打高尔夫球也是,不用他整理袋子、准备衣服,全部都是老婆包办。但是他却一点都没有觉得感动,反而认为自己连穿什么袜子的自由都没有。"

愿意付出固然好,但若是一厢情愿地付出,得到的回馈可能就会令你感到委屈。当对方习惯你的付出,你的用心只会被视为理所当然;当对方没准备要接受你的好意,你的用心就会被人觉得讨厌。还是像我妈这样刚刚好就好,**不拿走他人照顾自己的责任,只有在发现对方有需要时才会给予,这样不仅付出的人不会被视为理所当然,收到的人也充满感谢。**

有时我们对孩子的付出不也应是这样?